MARIOLINA FREETH · GIULIANA CHECKETTS

CONTATTI
a first course in

ITALIAN

Hodder & Stoughton

A MEMBER OF THE HODDER HEADLINE GROUP

Orders: please contact Bookpoint Ltd, 130 Milton Park, Abingdon, Oxon
OX14 4SB. Telephone: (44) 01235 400414, Fax: (44) 01235 400454. Lines are
open from 9.00 - 6.00, Monday to Saturday, with a 24 hour message
answering service. Email address: orders@bookpoint.co.uk

British Library Cataloguing in Publication Data
Freeth, Mariolina
    Contatti I: First Course in Italian
    I. Title II. Checketts, Giuliana
    458.3

ISBN 0 340 529881

First published 1993
Impression number   16 15 14 13 12 11 10
Year   2004   2003   2002   2001

Typeset by Wearset, Boldon, Tyne & Wear.
Printed in Dubai for Hodder & Stoughton Educational, a division of
Hodder Headline Plc, 338 Euston Road,
London NW1 3BH by Oriental Press.

Acknowledgements

The publishers would like to thank the following for permission to reproduce material in this volume:

Aeroporti di Roma S.p.A. for permission to reproduce a simplified version of the airport plan; Ata Hotels for the photo of the Villa Igiea Grand Hotel; RCS Editoriale Quotidiani for the photo 'Milan in Snow' by Perrucci/Corsera from *Corriere della Sera*; Mondadori Press for the adapted text from *In bici a consegnare lettere e plichi* from *Donna Moderna* and for the selected photos of gifts from *Marie Claire*; Provincia Autonoma di Trento for the photo 'Al Campedie' from the brochure *Snow Planet – A.P.T. Trentino*; Sciare for the two ski photographs from *Sciare*, February 1989; La Settimana Enigmistica - Italia for the cartoons.

The publishers would also like to acknowledge the following for use of their material:

Le Agavi Hotel for the hotel plan from their brochure; Alitalia S.p.A. for the recipes, illustrations and photos from *Alitalia News* and the air ticket counterfoil; Azienda Tranvie Autobus Comune di Roma for the bus tickets; ATCM Modena for the bus ticket; La Babbuccia for the photo from *Vivere a Modena*; Birreria Belle Arti for the advert; Silvio Caccotti for the illustrations from *Esercizi in volo* from *Follow Me*; Campari Davide Milano S.p.A. for the Bacardi and Campari adverts; Club Aventura for the club card and questionnaire; Collirio Iridina Blu: Montefarmaco for the adverts; Costa d'Argento Camping Club for the photos from their brochure; Dolce Follia Profumeria for the photo from *Vivere a Modena*; *Domenica del Corriere* for the weather map and symbols; Ente Provinciale Turismo for the hotel plan and symbols; FAITA for the photos from the brochure *Marche: Campings, villaggi turistici*; Falai Gioielleria for the advert; Ferrovie dello Stato for the timetable, photo and train tickets; Eugenio Finardi for *La Radio*; Fondazione Nazionale Carlo Collodi for the illustration and opening times details from *Collodi – Parco di Pinocchio*; Gestimm s.r.l. for the picture from the advert; Giunta Provinciale for the cover photo from *Settimane Bianche*; Gloria Boutique for the photo and card from *Vivere a Modena*; Grafiche Biondetti for the postcard of Cimasappada; *Grazio* for the photos; The Leather School for the photo from the advert; *Il Messaggero* for the photo and adapted text from *Quattro tuffi da ponte Cavour*; La Muraglia for the advert; *Oggi* for the photos and map; Osteria della Santa Pazienza for the advert; Pianeta l'Ipermercato for the photo; *Panorama* for the photo; Pasticcerie Tosi for the advert; Qui Touring for the photos from *Italia da scoprire*; *Radio Times* for the transport illustration; Ristorante Posta for the advert; Ristorante Ragu for the advert; *La Repubblica* for the graph and illustration; *Sale e Pepe* for the photo, adapted text and advert; Societa Italiana Degli Autori e Degli Editori for the photo; Teatro Comunale di Firenze for the theatre plan from *Concerti*; Touring Club Italiano for the hotel details; Trattoria Nilo Blu for the advert; *Trovaroma* for the photo and text; Tuttocompact for the photo from *Tutta Musica e Spettacolo*; *TV Radiocorriere* for the photos and amended captions; *L'Unità* for the cartoons; Villaggi dell'arredamento for the advert.

Every effort has been made to trace and acknowledge ownership of copyright. The publishers will be glad to make suitable arrangements with any copyright holders whom it has not been possible to contact.

Photo acknowledgements

The publishers would like to thank the following for the use of their photographs:

All-Sport UK Ltd/Simon Bruty: page 106 (Schillaci); Bridgeman Art Library: page 106 (Botticelli); J. Allan Cash: pages 26 (left); 49 (bedroom, dining room, 3 living rooms), 82 (below left), 190 no. 2, 202, 203; DAS Photo: page 165 (right); Robert Harding Picture Library: page 184 (right); Italian State Tourist Office: pages 139, 165 (left), 206; Martini & Rossi Ltd: page 1 no. 12; Merchant-Ivory Productions: page 152 (above) and 232; Merrychef Ltd: page 95; Picador: page 22 (Eco); Pictures Colour Library: page 49 (bathroom, hall, kitchen); Public Information Office, House of Commons: pages 26 (right) and 82 (below right); David Simson: page 182; Topham Picture Source: pages 12, 22 (Pavarotti, Graf, Thatcher), 142 (Enzo Ferrari), 144, 231; Turner Entertainment Co.: pages 152 (below), 233; Elizabeth Whiting Associates: page 49 (study). J. Allan Cash Photolibrary: page 111; Zefa Picture Library: page 190

The publishers would also like to thank the following for their illustrations: Hardlines, Katinka Kew, Ted Quelch, Francis Scappaticci, Andrew Warrington.

contents

introduction

Contatti has grown from the experience of teaching Italian at all levels to adults and young adults over a period of years. It is a course for anyone starting to learn Italian from scratch, whether for fun, for work or in preparation for examinations. Teachers of GCSE will find that *Contatti* carries them easily into Higher Level.

The book consists of 14 units, two of which are for revision, and caters for a course of approximately 90 hours, the equivalent of a full year's course. Each unit is divided into four self-contained sections, providing material for roughly one and a half hours' teaching each. The thematic, functional and grammar content of each unit can be seen at a glance in the Contents list.

The two **revision units** occur halfway and at the end of the course. They contain authentic material and should be used not only on completion of each group of six units, but whenever necessary: to reinforce vocabulary, to practise a particular skill or function or to provide more challenging material for avid learners at any stage.

At the end of each unit you will find an **Italian–English vocabulary** arranged by topic for prompt and easy consultation in class or at home. At the end of the book an **English–Italian vocabulary** allows the student to engage in more independent vocabulary searching and to prepare for freer linguistic activities.

Grammar points are highlighted as they occur in each unit, in easily identifiable colour boxes. At the end of the unit, the structures and grammar covered are concisely rounded up in the *Grammatica* section, and at the end of the book, a more systematic grammar summary clarifies and unifies all that has appeared in the course.

Each unit opens with a **visual focus**: a composite image accompanied by three or four mostly spoken activities, which help the student focus on the new topic and vocabulary. The focus also provides a convenient opportunity for pronunciation and intonation practice. A pronunciation guide appears at the beginning of Cassette 1 and following this Introduction.

The units revolve around the immediate **themes** of everyday life and encounters. The settings and activities chosen are as close as possible to real-life situations. They have sprung from our own and our friends' experiences, recordings, photos, postcards . . . Dialogues and interviews were recorded largely on location, and there is a wealth of authentic material to use.

Contatti is written in Italian, and all the instructions are given in Italian, with English translations where appropriate; the English fades out as the book progresses. The form of address used in all the units (except units 8 and 14) is the formal one, *lei*; this is the form students will have to use on their first Italian trip as they talk to people they don't know. Units 8 and 14 offer the chance to experiment with the informal address, *tu*. Both forms are extensively revised in Unit 7.

We believe in the active classroom and therefore surveys, pairwork and groupwork feature prominently among the **activities**. The course is in fact action packed, and students learn early on to rely on themselves and their partners as producers of language, as much as on the teacher and the cassette.

The **survey grid** is a wonderful linguistic tool, creating a real-life situation in the classroom. It makes good sense for students to get into the habit of copying the grid with its headings, as there is never enough space to write on the page. *Buon lavoro!*

Symbols used in *Contatti*

🎧	listening activity	👤👤	pairwork
📖	reading activity	👤👤👤	groupwork
✏️	written activity	➡️	activity continues overleaf
💬	oral practice		

Pronunciation guide

Italian sounds

Clearcut, unblurred vowel sounds are the key to Italian pronunciation. Italian is a syllabic language whose rhythm is determined by vowel sounds. Almost unique among languages, Italian has a vowel at the end of every word (apart from a few prepositions, articles and truncated or abbreviated words):

Ciao Angela, sono Lillo, sei pronta? Ti passo a prendere tra un quarto d'ora.

Vowels

*There are five vowels in the Italian alphabet: **a, e, i, o, u**. Both **e** and **o** represent two distinct sounds, one open and one closed. This makes seven vowel sounds altogether. These sounds are always pronounced separately and consistently, whatever their position inside a word.*

Vowel	Italian word		similar English sound
a	casa		mat (short 'a')
e	vero	(closed)	base
e	sette	(open)	vet (short 'e')
i	vino		mean
o	dove	(closed)	bowl
o	otto, nove	(open)	not
u	uva		book

*Note: the **-o** or **-e** sound at the end of a word is ALWAYS closed:*
otto bambino mare neve

Vowel groups

In some words two vowels are joined together and

pronounced as one syllable (this is called a diphthong). The stress may be on the second vowel of the pair:

ieri fiore muoversi biondo

or on the first vowel:

mai poi Mauro mio vorrei

or on the previous syllable:

Mario acqua Italia

But note:

paese paura aereo Maria

Here the vowels are pronounced separately.

Consonants

*The consonants of the Italian alphabet are the same as in English, but **j** (i lunga), **k** (kappa), **w** (doppia vu), **x** (ics) and **y** (ipsilon) are only used to spell foreign words.*

● **c** and **g** *each have both a hard and a soft sound.*

ca, co, cu *and* **ga, go, gu** *are hard sounds, as in English:*

Italian word	similar English sound
casa	caste
cono	cotton
cura	cool
gatto	gap
gola	go
guanti	Gwen

*When they precede **e** or **i**, **c** and **g** have a soft sound:*

| cena | Chester |

Cina	*chicory*
gelato	*gem*
ginocchio	*jeep*

To harden the sound of **c** *and* **g** *before* **e** *or* **i***, an* **h** *is needed:*

che cosa prendi?	*case*
chi è?	*key*
le tar**ghe**	*gate*
i la**ghi** italiani	*geese*

● **d** *and* **t** *have a distinctive dull sound obtained by placing your tongue against the lower part of your teeth and not your palate. Try:*

donna   dentista   due   tanto   tetto

This sound never changes, even when combined with **r** *(see below):*

Dracula   tre**n**o   de**n**tro   tri**s**te

● **h** (acca) *is never pronounced in Italian and is not found at the beginning of a word, except in a few forms of the verb* avere (**h**o, **h**ai, **h**a, **h**anno).

When it follows the consonants **c** *or* **g***,* **h** *has the important function of hardening their sound (see above):*

che	*case*
chi	*key*

Note: This is exactly the opposite of English. To remember it, think of the word 'church' (soft in English) translated with chiesa *(hard in Italian).*

● **r** *has a clear rolled sound similar to the Scottish 'r'. It does not affect, and is unaffected by, the vowels or consonants near it:*

Roma   amore   forte   chitarra

Note in particular that **d** *and* **t** *(see above) keep their dull sound even when combined with* **r***:*

tram   trenta   dentro   attraente

● **s** *has a hard sound, as in 'soup':*

sabbia   sotto   estate

unless it is placed between vowels, when it is pronounced as in 'rose':

rosa   casa   mese

● **z** *also has a hard and a soft sound, both different from the English 'z':*

soft: zanzara zio zebra		*('d + z' sound)*
hard: stazione *(and other -zione*		
words)		*('t + z' sound)*
pazzo *(and all double z words)*		

Double consonants

A double consonant in Italian takes twice as long to pronounce as the single consonant. It also slightly shortens the vowel before it:

bi**rr**a   be**ll**o   ma**mm**a   buonanotte   a**nn**o

Soft and hard **c** *and* **g** *sounds also last twice as long when double:* .

fa**cc**ia   bra**cc**io   Buon via**gg**io
o**cch**i   mu**cch**e   a**gghi**ciante

Special combinations: 'gn' and 'gl'

The combination **gn** *produces a soft sound similar to the one in 'onion':*

biso**gn**a   ba**gn**o

The combination **gli** *produces a soft sound similar to the one in 'million':*

gli telefono   botti**gli**a   due bi**gli**etti   mo**gli**e

Stress

Stress tends to fall on the last syllable but one in Italian:

fratello   vedere   ragazza   colazione   andiamo

but many words are stressed on the last syllable but two:

albero   cinema   gondola   Desidera?

A number of words have a written accent on the last syllable. There are also accented single-syllable words. These words are all invariable.

caffè   città   sì   più   martedì   perché

Pronunciation practice

A pronunciation guide is also to be found at the beginning of the accompanying Cassette 1.

Beginners are advised to make full use of the 'Focus' pronunciation stimuli at the beginning of each unit, and to get into the habit of repeating words, sentences and dialogues after the tape. Working regularly with a personal cassette, recording readings and activities, can be invaluable. Best of all is to sing along with Italian music that you personally like.

in viaggio

Ordering drinks and snacks
Introductions
Finding out about other people
Countries and nationalities
Alphabet and spelling
Numbers 0–10

7

9

10

4

5

1

2

8   11   12

SAN CARLO
Patatine

3 **Effervescente naturale.**   6

aranciata	patatine	gelato
birra	vino	Coca-Cola
Martini	cappuccino	
succo di frutta	tè	
acqua minerale	caffè	

- 📼 *Listen and underline where the stress falls in each of the words.*
  Esempio *(Example)*: bi<u>r</u>ra, gel<u>a</u>to
  Now say these words.
- ✏ *Look at the pictures.*
  Match the words to the pictures.
- *Cover the pictures. How many things can you remember?*
- ✏ *What do you prefer?*
  Make a list: 'Preferisco . . .'

A In treno. Cosa prendiamo?

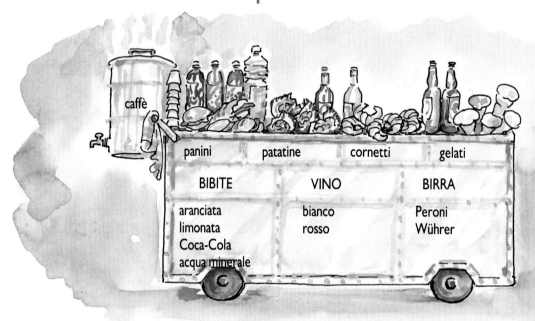

1 a 👥 🔲 Ascolti e ripeta con un compagno.
(Listen and repeat with a partner.)

Signora	Scusi ...
Cameriere	Dica?
Signora	Un caffè per favore.
Cameriere	Ecco.

b 👥 Ordini queste cose. *(Order these items.)*

un	gelato
	cornetto
	tè
	cappuccino
	panino

2 a 🔲 Ascolti e completi.
(Listen and complete the conversation.)

mille	dica	quant'è
caffè	scusi	per favore
	lire	

Signora	. . . .
Cameriere	. . . .
Signora	Un caffè . . . .
Cameriere	Ecco un . . . .
Signora	. . . . ?
Cameriere	Mille . . . .
Signora	Ecco . . . . lire.
Cameriere	Grazie.
Signora	Prego.

grazie	*thank you*
prego	*you're welcome*
ecco	*here is ...*

b 👥 📼　Riascolti e legga con un compagno.
(Listen again and read with a partner.)

c 📖 ✏️　Avete notato? *(Have you noticed?)*

What does the lady say to attract attention?

Scusi

What is the man's reply?
How does she ask for a coffee?
How does she ask for the amount to pay?

③

a 📼 ✏️　Ascolti. Chi lo dice? *(Listen. Who is saying what in the picture below?)*

signore	*sir*
signora	*madam*
signorina	*young lady*
bambino	*(young) child*
mi dispiace	*I'm sorry*
. . . non c'è	*there is no . . .*
allora	*then*

Per me una Coca-Cola e per il bambino un panino.

Per me una birra, per favore.

Ecco a lei.

Va bene.

Per me un cappuccino.

Mi dispiace signore, il cappuccino non c'è.

Allora un caffè per favore.

Per lei, signorina?

Vorrei un'aranciata e un pacchetto di patatine.

→

b 📼 ✏️ Riascolti. Segni (√) sul listino solo le cose che sente.
(Listen again and tick on the list only the items you hear.)

Avete notato?

cappuccin**o**	(maschile)
birr**a**	(femminile)
caff**è**	(maschile)
stazion**e**	(femminile)

④ **a** 📖 Per me, un frullato di frutta!

Some of these words are masculine and some are feminine. Can you guess which are which?

FRULLATO DI FRUTTA

una fetta di anguria, un fico, una banana, una pesca, il succo di un limone, un po' di spumante e ghiaccio

Frullare per 1 minuto: pronto!

un panino, **un** fico
una Coca-Cola, **una** banana
un'aranciata, **un**'anguria
uno spumante, **uno** studente

This is the indefinite article.

b 🖉 Metta il nome nella colonna giusta.
(Put each noun in the right column.)

un	uno	una	un'
concerto	studente	rosa	agenzia

concerto   rosa   salame (*m*)
pizza   televisione (*f*)
patata   museo   studente (*m*)
studentessa   presidente (*m*)   esempio
treno   ospedale (*m*)   segretaria
ufficio   dottore (*m*)   agenzia
sigaretta   spumante

5 **a** 📼 🖉 Riascolti i quattro dialoghi nell'attività 3.
Cosa prendono? *(What are they having?)*
You are the waiter: make a quick note.

signora   una Coca-Cola
bambino
signore 1.
signorina
signore 2.

b 👥
Studente A: Ordini queste cose. *(Order these things.)*
Studente B: Lei è il cameriere. *(You are the waiter.)*
Each time one item is not available.

Esempio:

A Per me un gelato e un caffè.
B Mi dispiace, il gelato non c'è.
A Allora un caffè.

Avete notato?

Asking for something:
Per me . . .
Vorrei . . .
Per favore . . .

B In aereo. Cosa prendiamo?

(6) ⚔ 📼 ✏ Ascolti e completi. Faccia il dialogo con un compagno. *(Listen and complete. Practise the dialogue with a partner.)*

senza ghiaccio   con ghiaccio

> Prego.
> Italiana per favore.
> Con ghiaccio e limone.
> Seimila lire in tutto.
> Un Cinzano rosso.
> Buongiorno.
> Vorrei una birra fresca.

Assistente di volo	Buongiorno.
Signore	. . . .
Assistente di volo	Desidera?
Signore	. . . .
Assistente di volo	Italiana o inglese?
Signore	. . . .
Assistente di volo	Ecco a lei. E la signora che prende?
Signora	. . . .
Assistente di volo	Con ghiaccio o senza?
Signora	. . . .
Assistente di volo	Va bene. Ecco a lei.
Signore	Quant'è?
Assistente di volo	. . . .
Signore	Ecco seimila.
Assistente di volo	Grazie.
Signore	. . . .

Buongiorno	*Good morning*
	Good afternoon
Quant'è?	*How much is it?*

Ecco seimila

Avete notato?

una birra (*f*) fres**ca**
un Cinzano (*m*) ros**so**
un caf**fè** (*m*) ne**ro**

7 **a** ✏️ Unisca l'oggetto col suo colore.
Match each object to its colour.

I giallo

2 rosso

3 bianco

4 azzurro

5 verde

6 nero

A caffè

B mare

C sole

D erba

E neve

F vino

b ✏️ Cose rosse, cose gialle... Metta in colonna.

limone (*m*)	pomodoro (*tomato*)
mare (*m*)	foglia (*leaf*) sole (*m*)
cielo	vino rosa banana

rosso/a	giallo/a	azzurro/a	verde
		mare	

c ✏️ Scriva. *(Write.)*
Esempio: una banana gialla . . . ecc.

8 **a** ✏️ *Pair the items in the two columns according to whether you like them hot, very hot, not too hot, cool, cold or ice cold.*

un caffè	freddo
un tè	fresca
un'aranciata	molto caldo
un aperitivo	bollente
un Cinzano	ghiacciata
una cioccolata	non troppo caldo
un bicchiere di vino	caldo
un bicchiere di latte	fresco
una birra	ghiacciato
un cappuccino	fredda

caldo/a *hot*		molto	*very*
freddo/a *cold*		troppo	*too (much)*

b 👥
Studente A: *Order your five favourite items.*
Studente B: *You are the waiter: write down the order.*
Then swap roles.

Esempio:

A Vorrei un tè.
B Freddo o caldo?
A Bollente, grazie.

(9)

a Come si dice in italiano? Lo trovi nel testo. *(How do you say it in Italian? Find it in the text.)*

ice	sugar
ice cubes	1 tsp of sugar
slice of lemon	glass
lemon peel	tomato juice
tonic water	salt and pepper
drops	

b *Invent your own cocktail using at least four of the ingredients above. Use* con *and* senza.

c *Order your cocktail from a partner, using the dialogue in 6 as a model.*

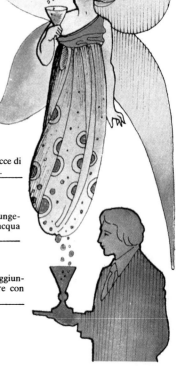

GIN FIZZ *

40 gr Gin, succo di 1/2 limone, 1 cucchiaino di zucchero, shaker, completare con spruzzo di soda.

BLOODY MARY

40% Vodka, 60% succo pomodoro, gocce di Worchestershire, gocce di limone, sale e pepe (goccia di Tabasco su richiesta), due cubetti di ghiaccio.

MANHATTAN

3/4 Whisky canadese, 1/4 Vermouth rosso, 2 gocce di angostura, mixing glass, decorare con ciliegina.

GIN AND TONIC *

40/50 gr Gin versato su cubetti di ghiaccio, aggiungere 1/2 fetta di limone, riempire il bicchiere con acqua tonica.

VODKA AND TONIC *

40/50 gr Vodka versata su cubetti di ghiaccio, aggiungere 1/2 fetta di limone, riempire il bicchiere con acqua tonica.

(10)

Il plurale *(The plural)*	
1 gelato	2 gelati
1 birra	3 birre
1 bicchiere d'acqua minerale	4 bicchieri d'acqua minerale

a
Studente A: *Order two of each item in the box above.*
Studente B: *You are the waiter.*
Swap roles.

b *Order only one of each item from the board on the left.*

C In volo

a 📼 Ascolti. *(Listen.)*
The captain is speaking.

Signori, buongiorno. Benvenuti a bordo. È
il comandante che vi parla. In questo
momento siamo a un'altezza di 10.000
metri. Sotto di noi ci sono le Alpi. A
sinistra c'è la Svizzera e il lago di Ginevra.
A destra c'è l'Italia e ci sono i laghi, e a sud
delle Alpi c'è Milano.

è	*(it/he/she) is*
c'è	*there is*
ci sono	*there are*

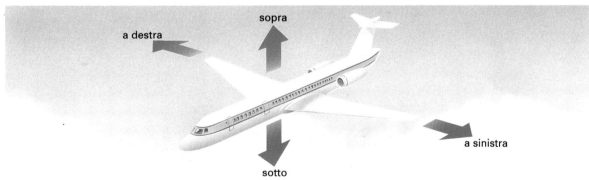

b 💬✏️ **Risponda.** *(Answer.)*

Chi parla?
A che altezza è l'aereo?
Cosa c'è sotto l'aereo?
Milano è a nord o a sud delle Alpi?

chi?	*who?*
che?	*what?*
cosa?	*what?*

c ✏️ *You are now flying due south over
the western Alps. Complete and write out
the captain's speech.*

c'è	ci sono

Sotto di noi . . . . . . le Alpi.
Laggiù . . . . . . il Monte Bianco.
A destra . . . . . . la Francia e Marsiglia.
A sinistra . . . . . . l'Italia, e sotto le Alpi . . .
Torino.

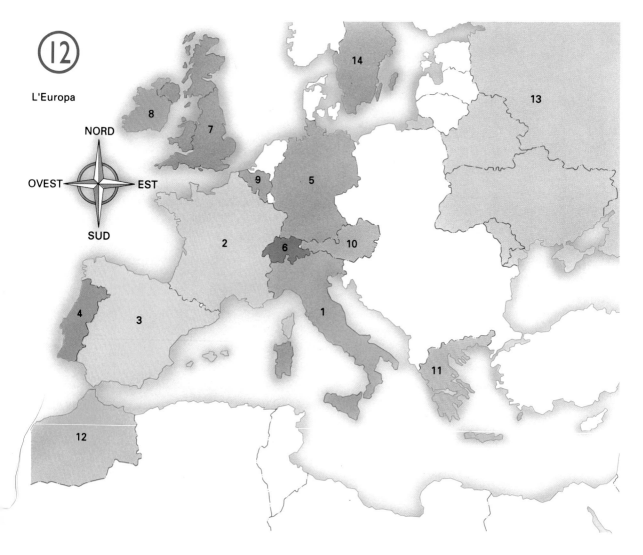

⑫

L'Europa

NORD

OVEST — EST

SUD

IL BELGIO	LA SVEZIA	LA GRAN BRETAGNA	IL MAROCCO
LA SPAGNA	LA SVIZZERA	IL PORTOGALLO	LA RUSSIA
LA GERMANIA	LA GRECIA	LA FRANCIA	L'IRLANDA
L'ITALIA	L'AUSTRIA		

a Ascolti e ripeta. Sottolinei la sillaba accentata. *(Listen and repeat. Underline the stressed syllable.)* Esempio: La Sve̲zia

b Unisca i nomi con i numeri sulla cartina. *(Match the names to the numbers on the map.)*

| la, il, l' | *the* |

(13) ⁂ 📖 **Quiz**

a È a est del Portogallo
  a ovest dell'Italia
  a nord del Marocco
  a sud della Francia

  Che paese è?
  (Which country is it?)

b È a nord-ovest dell'Egitto
  a sud-ovest dell'Italia
  a nord-est della Tunisia

  Che isola è?
  (Which island is it?)

c 📖 ✎ Che città è? *(Which town is it?)*
  Guardi la targa. *(Look at the number plate.)*

NA 22305   *Napoli*

BA 45570

MI 71523

VE 13644

FI 98356

PA 89813

(14) Ecco l'alfabeto italiano: ci sono
  solo 21 lettere. *(This is the Italian
alphabet. There are only 21 letters.)*

a 📼 Ascolti e ripeta. *(Listen and repeat.)*

A	E	H	L	P	R	U
B	F	I	M	Q	S	V
C	G		N		T	Z
D			O			

J	i lunga
K	kappa
W	doppia vu
X	ics
Y	ipsilon

} sono lettere
straniere.

b 💬 Come si scrive il suo nome?
  (How do you spell your name?)

> Come si scrive?
> *How do you spell it?*

c ⁂ ✎ Chieda agli altri e scriva. *(Ask
the others and write their names.)*

15 **a** ✎ Copi il diagramma e completi con i numeri in parole. *(Copy the diagram and add the numbers in words.)*

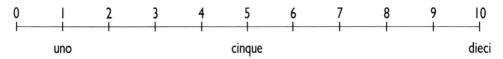

zero	due	sette
uno	sei	quattro
dieci	nove	tre
otto	cinque	

```
0   1   2   3   4   5   6   7   8   9   10
├───┼───┼───┼───┼───┼───┼───┼───┼───┼───┤
    uno             cinque             dieci
```

b 🖭 Ascolti e ripeta.
Were you right?

c 👥💬✎ *Ask other students their telephone numbers and car registration numbers and write them down.*

D Di dov'è lei?

16 ✎ Scriva la nazionalità di ogni persona.
(Write down each person's nationality.)

Esempio: Domingo è spagnolo.

Domingo

il Papa

Graf

Eltsin

Griffith-Joyner

russo/a	spagnolo/a	francese	scozzese
polacco/a	svizzero/a	inglese	svedese
italiano/a	tedesco/a	gallese	cinese
americano/a	austriaco/a	irlandese	giapponese

a 📼 📖 Ascolti e legga. *(Listen and read.)*

Paolo	Scusi, lei è italiana?
Lisa	No, sono inglese.
Paolo	Di Londra?
Lisa	No, di Bath. Di dov'è lei?
Paolo	Sono di Firenze, sono italiano. Mi chiamo Paolo Cantoni. E lei come si chiama?
Lisa	Lisa Ford.
Paolo	Ah piacere! Parla bene italiano.
Lisa	Be', abbastanza. Mia madre è italiana, di Verona.
Paolo	Ah. E lei va a Verona?
Lisa	No, vado a Venezia.
Paolo	Anch'io vado a Venezia.
Lisa	In vacanza o per lavoro?
Paolo	Per lavoro, vado per tre giorni. Sono antiquario.
Lisa	Ah, è un lavoro interessante. Io vado in vacanza, sette giorni di riposo totale.

Avete notato?

Io *(I)*

Sono di . . .	*I'm from . . .*
Mi chiamo . . .	*My name is . . .*
Vado a . . .	*I'm going to . . .*

Lei *(You, formal)*

Di dov'è?	*Where are you from?*
Come si chiama?	*What's your name?*
Va a . . .?	*Are you going to . . .?*

---

parla bene	*you speak well*
abbastanza	*quite well*
anch'io	*me too*
in vacanza	*on holiday*
per lavoro	*for work*
per tre giorni	*for three days*
riposo	*rest*

b 📼 ✏️ Riascolti e completi. *(Listen again and complete.)*

	Paolo	Lisa
Nome		
Nazionalità		
Città di origine		
Destinazione		
Per lavoro/in vacanza		
Per quanti giorni		

Mi chiamo Paolo Cantoni. E lei come si chiama?

Lisa Ford.

Piacere!

Continui con gli altri studenti.
(Continue with other students.)

— Io mi chiamo Marta. E tu?
— Io no.

 Di dov'è lei? Completi.
(Where are you from? Complete.)

Esempio: Sono **italiano**, sono di Firenze.

Sono . . ., sono di Mosca.

Sono . . ., sono di Ginevra.

Sono . . ., sono di Madrid.

Continui con: Edimburgo/Stoccolma/
Dublino/Bonn/Boulogne/Vienna/Hong
Kong.

Franca fa conoscenza con Miguel. *(Franca gets to know Miguel.)*
Unscramble the dialogues and practise them with a partner.

a Roma
in Italia

a Per lavoro.
Scusi, dove va lei?
In vacanza o per lavoro?
In Italia, a Roma.
Io invece vado in vacanza.

b Sono italiana, sono di Roma.
No, sono di Siviglia. E lei di dov'è?
No, sono spagnolo.
È di Madrid?
Scusi, lei è inglese?

(21) a 👥 Faccia tre piccoli dialoghi con altri studenti.
(Make up three short dialogues with other students.)

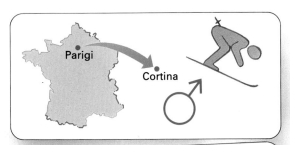

b ✎ **Per casa:** Scriva due dialoghi.
(At home: write out two of the dialogues.)

(22) 📼 Quattro persone parlano di sé.
(Four people talk about themselves.)
Draw a grid like the one in 17b. Listen and write down the information.

Grammatica

1 Genere *(Gender)*

Nouns in Italian are either masculine (maschile) *or feminine* (femminile).

Maschile	Maschile/Femminile	Femminile
-o	**-e**	**-a**
cappuccin**o**	caff**è** *(m)*	birr**a**
	television**e** *(f)*	

2 Accordo *(Agreement)*

An adjective in Italian must agree with the noun it refers to. Here are the singular forms:

vin**o** ross**o** *(m s)*	vin**o** frances**e**
acqu**a** fresc**a** *(f s)*	acqu**a** bollent**e**

caff**è** ner**o** *(m s)*	t**è** verd**e**
television**e** italian**a** *(f s)*	tv ingles**e**

NB: Nouns and adjectives ending in **-e** *can be either masculine or feminine.*

3 Articolo indeterminativo *(Indefinite article)*

The Italian for a/an is **un/uno/una/un':**
m **un** treno/amico/caffè
    before a consonant or a vowel
m **uno** zoo/studente
    before **s** + *consonant or* **z**
f **una** banana/televisione
    before a consonant
f **un'** aranciata/isola
    before a vowel

4 Plurale *(Plural)*

	Singolare	Plurale
m	gelat**o**	gelat**i**
f	birr**a**	birr**e**
f	nev**e**	nev**i**
m	bicchier**e**	bicchier**i**

5 Forms of address

Formal: (**lei** *+) verb in the third person*
Esempio: E lei come si chiama?

6 Verbi: presente *(Verbs: present)*

1st person singular
(io) son**o** mi chiam**o** vad**o** prend**o**

3rd person singular
(lei) **è** si chiam**a** v**a** prend**e**

The first person singular always ends in **-o**.
The third person singular ends in either **-a** *or* **-e**.

Vocabolario

Al bar

l'acqua minerale	*mineral water*
l'anguria	*water melon*
l'aranciata	*orange juice*
un bicchiere d'acqua	*a glass of water*
la birra	*beer*
il caffè	*coffee*
il cioccolato	*chocolate*
il cornetto	*croissant*
il fico	*fig*
il frullato di frutta	*fruit shake*
il gelato	*ice cream*
il ghiaccio	*ice*
il limone	*lemon*
le patatine	*crisps*
la pesca	*peach*
lo spumante	*sparkling wine*
il succo di frutta	*fruit juice*
il tè	*tea*
il tramezzino	*sandwich*
il vino	*wine*
lo zucchero	*sugar*
con	*with*
senza	*without*
Dica?, Desidera?	*Can I help you?*
Ecco a lei	*There you are*
per favore	*please*
Per lei signorina?	*For you, young lady?*
Per me . . .	*For me . . .*
Vorrei	*I would like*

Presentazioni — *Introductions*

buongiorno	*good morning, good day*
come si chiama?	*what's your name? (formal)*
di dov'è lei?	*where are you from? (formal)*
dove va (lei)?	*where are you going? (formal)*
in vacanza	*on holiday*
mi chiamo . . .	*my name is . . .*
per lavoro	*for work*
per tre giorni	*for three days*
piacere!	*pleased to meet you!*
signora	*madam*
signore	*sir*
signorina	*young lady*
sono di . . .	*I am from . . .*
(io) vado	*I go, I am going*

Colori — *Colours*

azzurro/a	*blue*
bianco/a	*white*
giallo/a	*yellow*
nero/a	*black*
rosso/a	*red*
verde	*green*

Aggettivi — *Adjectives*

bollente	*boiling hot*
caldo/a	*hot*
freddo/a	*cold*
fresco/a	*fresh, cool*
ghiacciato/a	*ice cold*
molto caldo/a	*very hot*
non troppo caldo/a	*not too hot*

Soldi — *Money*

mille lire	*a thousand lire*
duemila lire	*two thousand lire*
tremila lire	*three thousand lire*

Posizione — *Location*

a destra	*on/to the right*
a Roma	*to/in Rome*
a sinistra	*on/to the left*
a sud delle Alpi	*south of the Alps*
a un'altezza di	*at a height of*
c'è	*there is*
ci sono	*there are*
dov'è?	*where is?*
in Italia	*to/in Italy*
(a) nord, sud, est, ovest	*north, south, east, west*
siamo	*we are*
sopra	*above*
sotto (di noi)	*under (us)*

Numeri — *Numbers*

zero	*zero*
uno	*one*
due	*two*
tre	*three*
quattro	*four*
cinque	*five*
sei	*six*
sette	*seven*
otto	*eight*
nove	*nine*
dieci	*ten*
mille	*(a) thousand*
il numero di telefono	*telephone number*
la targa	*number plate*

lavorare per vivere

Talking about work
Asking and giving the time
Enquiring about opening and closing times
Describing your daily routine
Dates and birthdays

Giorgio Melli

Pietro Martelli

Armando Picasso

Mario Migucci

Lina Funale

Mariella Scotti

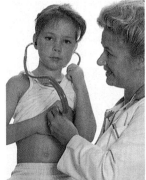

Anna Vinci

Alberto Moravia

- 📖 Che lavoro fanno? *(What is her/his job?)*
Write them down.
- 📼 *Were you right?* Ascolti e controlli. Sottolinei la sillaba accentata (esempio: il vigile).
- C'è il suo lavoro qui? *(Is your job here?)* Chieda all'insegnante il nome di altri lavori. *(Ask your teacher what other jobs are called.)*

la dottoressa   l'operaio
l'impiegata   lo scrittore
la segretaria   il vigile urbano
il biologo   il parrucchiere

Scusi, come si dice in italiano . . . ?
Excuse me, how do you say . . . in Italian?

A Che lavoro fa lei?

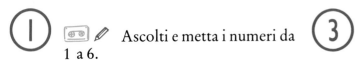

① 📼 ✎ Ascolti e metta i numeri da 1 a 6.

③

> Senta, lei che lavoro fa?

> Che lavoro fai, Piero?

> Faccio la segretaria.

> Io sono psicologa.

> Faccio il papà!

> Lei che lavoro fa?

Avete notato?

Che lavoro **fai**, Piero?
    (tu: *informal*)
Che lavoro **fa**, signora Vinci?
    (lei: *formal*)

Faccio	la segretaria il papà	**Sono** psicologa

📼 ✎ Vero o falso? Ascolti bene.

- Franco fa il medico.
- Luciano fa lo studente.
- Angela fa la psicologa.
- Liliana fa l'insegnante.
- Bibi fa la segretaria.

② ‖ *Choose a job and a name from page 17. Introduce yourself and discover what other people do.*

Esempio: Mi chiamo Lina e faccio l'impiegata. E lei?

Avete notato?

il medico   *doctor*   **la** commessa
                             shop assistant
l'avvocato *lawyer*   **l'**insegnante
                             teacher
but
lo studente
lo zio

This is the definite article.

Da quanto tempo fa questo lavoro?

Da quanto tempo?
(How long?)

a *Look at the cartoon and choose an answer:*

Da tre giorni.
una settimana.
due mesi.
un anno.
venti anni.

il giorno	*day*
la settimana	*week*
il mese	*month*
l'anno	*year*

b 👥 Fatevi le domande. *(Ask each other the questions.)*

- Da quanto tempo studia l'italiano?
- Da quanto tempo vive in questa città?
- Da quanto tempo non va al cinema?
- Da quanto tempo non prende un caffè?

5 Le piace il suo lavoro? *(Do you like your job?)*

Mi piace.

Non mi piace.

a ✏️
È un lavoro interessante: mi piace.
È un lavoro noioso *(boring)*: non mi piace.
È un lavoro difficile: . . .

Continui.

facile *(easy)*
vario
monotono
stimolante
faticoso *(tiring)*

b ✏️👥 Per me il lavoro ideale è . . .
Choose three adjectives to describe your ideal job, in order of priority.

6 ♟ 🗨

Dove lavora?

Faccio il cuoco, lavoro in un ristorante.

papà	chimico	cameriere
dottore	mamma	impiegato
	insegnante *(teacher)*	

Studenti A e B: Continuate.

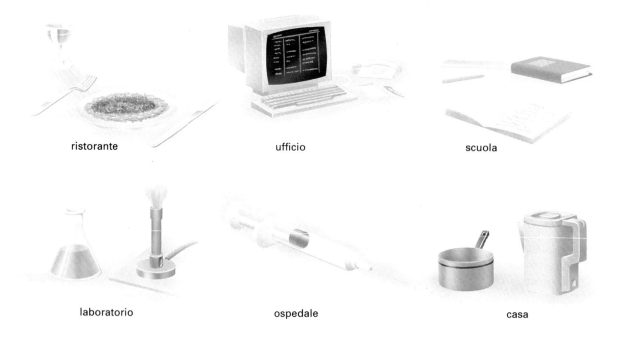

ristorante   ufficio   scuola

laboratorio   ospedale   casa

7 📼 ✎ Riascolti Angela, Liliana, Luciano, Franco e Bibi (Attività 3).

The details in the chart are all mixed up. Sort them out and rewrite the chart correctly. Add Sì *or* No *in the last column.*

Nome	Lavoro	Da quanto tempo	Dove	😊 😞
Angela	insegnante	2 mesi	in ospedale	
Liliana	mamma	20 anni		
Luciano	avvocato	20 anni		
Franco	medico	30 anni		
Bibi		18 anni	in un negozio	

⑧

a Metta insieme *(match)* domande e risposte.

A Che lavoro fa?
B Come si chiama?
C Le piace il suo lavoro?
D Da quanto tempo fa questo lavoro?
E Dove lavora?

1 Mi chiamo Lillo Vinti.
2 Faccio l'architetto.
3 Da dieci anni.
4 In uno studio.
5 Mi piace moltissimo.

b

Studente A: Intervisti *(interview)* Studente B.

Studente B: pagina 223 Scambiatevi i ruoli. *(Swap roles.)*

⑨

Un momento, dottore.

FIORAIO

E lei aspetta da molto tempo?

DIRETTORE

Ecco un impiegato puntuale!

Cameriere, conti separati, per favore!

 Indovini. *(Guess.)* Chi ...

serve in un ristorante?
lavora in un ufficio?
cura i pazienti? *il dottore*
vende fiori *(sells flowers)*?

Avete notato?		
(io)	lavor**o**	vend**o**	serv**o**
(tu)	lavor**i**	vend**i**	serv**i**
(lui/lei)	lavor**a**	vend**e**	serv**e**
	lavor**are**	vend**ere**	serv**ire**

© Per gentile concessione de *La Settimana Enigmistica*

10 La postina *(The post lady)*
  a 📖 ✏️ Rimetta gli articoli.
(Supply the missing articles.)

In bicicletta, consegna lettere e pacchi. . . . orario è concentrato nella mattinata.
. . . stipendio è buono. . . . lavoro di postina è adatto anche a una donna con bambini piccoli. Sara De Gasperis, 30 anni, due bambini, lavora da sette anni per . . . Posta di Novara.
. . . aspetto piacevole di questo lavoro è . . . possibilità di stabilire contatti umani, dice . . . simpatica postina.

b ✏️ Trovi l'inglese per queste parole: è molto simile all'italiano!

bicicletta	stipendio	possibilità
lettere	postina	stabilire
pacchi	aspetto	contatti
è concentrato	piacevole	umani

c 💬 In che città lavora la postina?
Che mezzo di trasporto usa?
Quanti bambini ha?
Da quanto tempo fa questo lavoro?

d 👥
Studente A: Intervisti la postina (Studente B) come in Attività 8.
Studente B: Lei è la postina.

11 👥 Intervisti questi personaggi famosi. *(Interview these famous people.)*
Studente A: Faccia le domande.
Studente B: pagina 223
Scambiatevi i ruoli.

B Che ore sono?

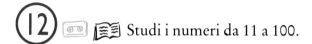 Studi i numeri da 11 a 100.

undici	ventuno
dodici	ventidue
tredici	trenta
quattordici	quaranta
quindici	cinquanta
sedici	sessanta
diciassette	settanta
diciotto	ottanta
diciannove	novanta
venti	cento

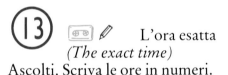 L'ora esatta
(The exact time)
Ascolti. Scriva le ore in numeri.

 Ascolti e completi.

Scusi, che ore sono?
Scusi, che ora è? } *What time is it?*

1 Sono le
. . . .

2 . . . .
e un
quarto

3 . . . .
e mezza

4 . . . .
e tre
quarti

5 È l'una

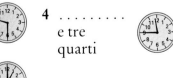

Trovi l'orologio.

A   B   C

D   E

1 Sono le undici meno dieci.
2 È l'una meno diciotto.
3 Sono le dieci e dieci.
4 Sono le nove e sette.
5 È mezzogiorno in punto.

Sono le sei	e	un quarto.
		mezza.
		dieci.
	meno	un quarto.
		cinque.

but

È	l'una.
	mezzogiorno.
	mezzanotte.

NB: Italians use the 24-hour clock for timetables and radio and TV programmes.

16 ✏ 👥 Indovini che ora è.
Write down four different times of day. Your partner must guess what they are. Help him/her with:

un po' prima	molto prima
un po' dopo	molto dopo
(a little before/after)	*(a lot before/after)*

17 Primo giorno di scuola per Valentina e Titta

a 📼 ✏ Ascolti e scriva le ore.

l'inizio	beginning
la fine	end
iniziare	
cominciare }	to start
finire	to end

	Valentina	Titta
Inizio lezioni		
Intervallo		
Fine lezioni		

| A che ora? | Alle ... |
| *At what time?* | *At ...* |

b ✏ Che differenza c'è? Completi.

Titta comincia alle . . . . e finisce
alle . . . .
Valentina . . . .
e . . . .

18 ✏ Mattina, pomeriggio, sera o notte? *(Morning, afternoon, evening or night?)*
Match the times to the pictures, then choose the appropriate greeting.

1

2

3  4

A 19,00: le sette di sera
B 16,00: le quattro di pomeriggio
C 2,00: le due di notte
D 6,00: le sei di mattina

 Buongiorno! Buonanotte!   Buonasera!

19 *Peter has just arrived in Rome. Ugo tells him the local opening and closing times.*

a 🔲 ✏️ Ascolti e scriva l'ora. *(Listen and write down the times.)*

La banca apre . . . . . . e chiude . . . . . .
I negozi aprono . . . . . e chiudono . . . . .
I bar aprono . . . . . . e chiudono . . . . .

A che ora apre/aprono?
(What time does it/do they open?)

la banca	apre	chiu**de**
le banche	ap**rono**	chiu**dono**
	ap**rire**	chiu**dere**

---

orario di apertura
feriali 9.00 – 20.00
festivi 10.00 – 13.30
        16.00 – 19.30

b 📖 👫 Continui a dare informazioni a Peter.

Peter A che ora comincia il pranzo al ristorante?
Lei . . . .
Peter A che ora apre la libreria *(bookshop)*?
Lei . . . .
Peter Quando comincia "Ritorno al Futuro"?
Lei . . . .
Peter E quando finisce?
Lei Non lo so.

orario continuato
librerie aperte tutto il giorno tutti i giorni
feriali   9.00 - 20.00
festivi 10.00 - 13.30
        16.00 - 19.30

fedit card
carta di credito per acquisti in tutte le librerie feltrinelli

Feditcard

interlibri
recapito di libri a domicilio, in sole 24 ore, da e per tutte le città sede di una libreria feltrinelli

INTERLIBRI

special order
ordinazione di libri non disponibili

spazio video
informazione editoriale prodotta dalle librerie feltrinelli

? **banca dati bibliografica alice**
informazioni sulla produzione editoriale in italia

Librerie Feltrinelli Servizi

Ritorno al futuro II

di Robert Zemeckis
Avevano cambiato il presente viaggiando nel passato, un giovane (Michael J. Fox) e uno scienziato (Christopher Lloyd). Ora partono per il futuro, il 2015, e vedono la propria città degradata e retta da un bieco personaggio che per giunta ha sposato la madre di un loro amico.

☐ **METROPOLITAN, via del Corso** 7, tel. *3000933.* **Orari:** *16; 18,15; 20,20; 22,30.* **Biglietto:** *L. 8.000.*

Bauli
Grill
Ristorante
al 1° Piano

A pranzo   A cena

dalle 11° alle 15   dalle 18° alle 22

Gustate la nostra pasta fatta in casa le nostre specialità di pesce, il baccalà alla vicentina, gli arrosti, le insalate, i dessert . . . .

Servitevi a volontà

20 In Italia . . . In Inghilterra . . .

> *Definite article, plural:*
>
> **le** banche *(f pl)*
> **i** ristoranti *(m pl)*
> **gli** uffici, **gli** studenti *(m pl)*

a

Studente A: *Ask Student B about opening and closing times in Italy. Then answer Student B's questions about England.*

Studente B: pagina 224.

	ITALIA		INGHILTERRA	
	Apertura	**Chiusura**	**Apertura**	**Chiusura**
le banche			9,30	15,30
i supermercati			8,30	18
i negozi			9,30	17,30
le scuole			9	15,30
i bar/i pub			11	23
gli uffici			9	17
i musei			10	18
i cinema			16,30	22,45

b **Per casa:** Scriva quattro differenze.

> i bar, i cinema *(irregular plurals)*

C   La routine quotidiana

(21) **a** 📖 📼 ✏️ A che ora ti alzi? Ascolti e scriva le ore.

alzarsi	*to get up*
andare a letto	*to go to bed*
cenare	*to have dinner*
pranzare	*to have lunch*

presto

tardi

	Si alza		Cena	Va a letto	
	d'estate	**d'inverno**		**d'estate**	**d'inverno**
Natalia					
Fiora					
Camilla					
Maria Chiara					

b 💬 Chi si alza per prima d'estate?
Chi si alza per prima d'inverno?
Chi cena tardi?
Chi cena presto?
Chi va a letto per prima?
Chi va a letto per ultima?
Chi si alza sempre alla stessa ora?

per primo/a	*first*
per ultimo/a	*last*
sempre	*always*
l'estate	*summer*
l'inverno	*winter*

c 📼 ✐   Riascolti e trovi le domande.

...?   Mi alzo alle otto.
...?   Ceno alle 7,30.
...?   Vado a letto alle 11.

---

d ✐ 👥👥👥   In classe, copi la scheda delle bambine (**21a**) e faccia un sondaggio.
(*In class, copy the girls' timetable and do a survey.*)
Usi il **tu**.

Avete notato?

(io)	mi alz**o**
(tu)	ti alz**i**
(lui/lei)	si alz**a**

verbo riflessivo: **alzarsi**

---

(22)   La giornata di Franco, un avvocato romano

a 📖 💬✐   *Before listening, guess his routine. Write the time for each picture and compare with a partner.*

prendo un caffè	mi sveglio e mi alzo
mi lavo e mi vesto	arrivo in studio
esco e vado al lavoro	lavoro con i clienti
	mi faccio la doccia
ceno	finisco e torno a casa
vado a dormire	guardo la tv
	prendo un panino al bar

svegliarsi	to wake up (literally: to wake oneself up)
lavarsi	to wash
vestirsi	to get dressed
farsi la doccia	to have a shower

Tre verbi irregolari

esco	vado	faccio
esci	vai	fai
esce	va	fa

usc**ire**	and**are**	f**are**
to go out	to go	to do

b 🔲 ✎ *Listen and write down the correct time for each picture. Were you right?*

c ✎ Scriva la frase giusta per ogni figura (*illustration*).

d 👥

Studente A: Faccia cinque domande a Franco.

Studente B: Lei è Franco.

Quando …?

E dopo, che fa?

A che ora …?

Che fa …?

(23) ✎ 👥 Scriva la sua routine del lunedì. A coppie, fatevi le domande come in **22d**.
(*Write down your Monday routine. In pairs, ask each other questions, as in 22d.*)

Espressioni utili

(non)	esco	presto	vado	al	lavoro
	torno	tardi			cinema
					ristorante
	preparo	il pranzo		in	ufficio
		la cena		a	casa
	leggo	un libro	faccio		colazione
		i giornali			la spesa
	prendo	l'autobus			i compiti
		un caffè			
			guardo		la televisione

D Giorni e date

(24) I giorni della settimana

Gli appuntamenti del
CORRIERE DELLA SERA

Tutti i giorni il Corriere Della Sera pubblica un supplemento su un tema di grande interesse e attualità.

LUNEDÌ	**GIOVEDÌ**	**DOMENICA**
CORRIERE SPORTIVO	*CORRIERE DELL'ECONOMIA*	*CORRIERE DEI LIBRI E DELL'ARTE*
Risultati, interviste, commenti.	Le domande e le risposte.	Una guida selezionata.
MARTEDÌ	**VENERDÌ**	
CORRIERE DELLE SCIENZE	*CORRIERE DEL LAVORO*	
Un indispensabile aggiornamento scientifico.	Le migliori opportunità.	
MERCOLEDÌ	**SABATO**	
CORRIERE DELLE INCHIESTE	*CORRIERE DEGLI SPETTACOLI*	
Problemi di oggi in Italia e nel mondo.	Opinioni e consigli.	

L'appuntamento quotidiano col vostro giornale!

In che giorno della settimana compri il CORRIERE se . . . ?
(On which day of the week do you buy the CORRIERE if . . .?)

- sei un biologo.
- ti interessa l'arte moderna.
- sei un industriale.
- adori lo sport.
- vuoi cambiare lavoro.
- vuoi vedere un buon film.
- ti interessano i problemi sociali e politici.

(io)	sono	*I am*	ho	*I have*
(tu)	sei	*you are*	hai	*you have*
(lui/lei)	è	*he/she is*	ha	*he/she has*
	essere	*to be*	avere	*to have*

25 a  **I mesi**
Repeat and learn by heart.

> Trenta giorni ha novembre
> con aprile, giugno e settembre.
> Di ventotto ce n'è uno.
> Tutti gli altri ne han trentuno.

b Completi con i nomi dei mesi.
Quanti giorni ha . . . ? Chieda ai compagni.

GENNAIO	FEBBRAIO	MARZO
_ _ _ _ _ _	MAGGIO	_ _ _ _ _ _
LUGLIO	AGOSTO	_ _ _ _ _ _
OTTOBRE	_ _ _ _ _ _	DICEMBRE

26 Unisca foto e stagioni.
(Match the photos to the seasons.)

A	B	C	D
in autunno	**d'**estate	**in** primavera	**d'**inverno

(27)

Quanti anni hai?   Ho sei anni.

 ✏️ Scriva l'età di ogni bambina:
(Write the girls' age:)

Carolina: Aurora:
Camilla: Maria Chiara:

(28)   **a** 👥 📼   Ascolti e ripeta.

A   Senti, Carolina, quanti anni hai?
B   Ho nove anni.
A   E quando è il tuo compleanno?
B   Il sedici agosto.
A   Allora tanti auguri! Buon compleanno!

b   💬   Continui.

Diana: Stefano:
15 anni   5 anni
29 luglio   4 settembre

Nonna: Lia:
83 anni   24 anni
10 dicembre   8 aprile

(29)   👤👤👤 💬   Trovi quante
persone nella classe sono nate
(born) nello stesso mese.

Grammatica

1   Articolo determinativo *(Definite article)*

	Singolare	Plurale
m	**il** bambino	**i** bambini
	lo zio/studente	**gli** zii/studenti
	(**s** + *consonant or* **z**)	
f	**la** dottoressa	**le** dottoresse
m	**l'**avvocato *(vowel)*	**gli** avvocati
f	**l'**amica	**le** amiche

2   Forms of address

Informal: (**tu** +) *verb in the second person.*
Esempio: Quanti anni hai?

This is used when speaking to children, family, friends and contemporaries.

3   Verbi: **-are, -ere, -ire**

Italian verbs fall into three groups, ending in
-are, **-ere** *or* **-ire***:*

	lavor**are**	prend**ere**	apr**ire**
(io)	lavor**o**	prend**o**	apr**o**
(tu)	lavor**i**	prend**i**	apr**i**
(lui/lei)	lavor**a**	prend**e**	apr**e**

4   *Asking questions*

Che lavoro fa?	*(work)*
Che ore sono? } **A che ora** . . . ? }	*(time)*
Che giorno è oggi?	*(date)*
Quanti anni hai (tu)? } **Quanti anni** ha (lei)? }	*(age)*

5   *How long?*

Da quanto tempo studi l'italiano?
Studio l'italiano **da** due mesi.
present + **da** + *time*

6   **piacere**

Mi piace la televisione.   *I like . . .*
Non mi piace il vino.   *I don't like . . .*

Vocabolario

7 Verbi irregolari (*Irregular verbs*)

	fare	**andare**	**uscire**
(io)	faccio	vado	esco
(tu)	fai	vai	esci
(lei/lui)	fa	va	esce

8 Ausiliari (*Auxiliaries*)

	essere (*to be*)	**avere** (*to have*)
(io)	sono	ho
(tu)	sei	hai
(lei/lui)	è	ha

9 Giorni e date (*Days and dates*)

Paolo arriva lunedì. (*with days, no capitals, no prepositions*)
Paolo arriva il 15 aprile. (*with dates, no capitals, no ordinal numbers*):
articolo + numero + mese

10 Verbi riflessivi (*Reflexive verbs*)

Many 'daily routine' activities are expressed by reflexive verbs:

	alzarsi	**lavarsi**	**svegliarsi**
(io)	**mi** alzo	**mi** lavo	**mi** sveglio
(tu)	**ti** alzi	**ti** lavi	**ti** svegli
(lei/lui)	**si** alza	**si** lava	**si** sveglia

Il lavoro — *Work*

l'avvocato	*lawyer*
il biologo	*biologist*
il cameriere	*waiter*
la commessa	*shop assistant*
il cuoco	*cook*
il dottore	*doctor (m)*
la dottoressa	*doctor (f)*
l'impiegato/a	*clerk, office worker*
l'insegnante	*teacher*
il medico	*doctor*
l'operaio	*worker*
il parrucchiere	*hairdresser*
il professore	*teacher*
la psicologa	*psychologist*
lo scrittore	*writer*
la segretaria	*secretary*
il vigile urbano	*policeman*
la banca	*bank*
il negozio	*shop*
l'ospedale	*hospital*
la scuola	*school*
l'ufficio	*office*
difficile	*difficult*
facile	*easy*
faticoso/a	*tiring*
interessante	*interesting*
monotono/a	*monotonous*
noioso/a	*boring*
simpatico/a	*pleasant*
stimolante/a	*stimulating*
vario/a	*varied*

L'ora — *The time*

Che ora è?	*What time is it?*
Sono le due	*It's two o'clock*
È l'una	*It's one o'clock*
le tre	*three o'clock*
le tre e un quarto	*a quarter past three*
le tre e mezzo	*half past three*
le tre e tre quarti	*a quarter to four*
le quattro meno un quarto	*a quarter to four*
mezzogiorno	*midday*
mezzanotte	*midnight*
inpunto	*on the dot*

La routine quotidiana

Daily routine

alzarsi	*to get up*
andare a letto	*to go to bed*
aprire	*to open*
cambiare	*to change*
cenare	*to have dinner*
chiudere	*to close*
cominciare	*to begin*
fare	*to do*
finire	*to finish*
pranzare	*to have lunch*
la colazione	*breakfast*
il pranzo	*lunch*
la cena	*dinner, evening meal*
prima	*first*
per primo/a	*first*
poi	*then*
presto	*early*
tardi	*late*
per ultimo/a	*last*

I giorni, i mesi, le stagioni
Days, months, seasons

la mattina	*morning*
il pomeriggio	*afternoon*
la sera	*evening*
la notte	*night*
lunedì	*Monday*
martedì	*Tuesday*
mercoledì	*Wednesday*
giovedì	*Thursday*
venerdì	*Friday*
sabato	*Saturday*
domenica	*Sunday*
gennaio	*January*
febbraio	*February*
marzo	*March*
aprile	*April*
maggio	*May*
giugno	*June*
luglio	*July*
agosto	*August*
settembre	*september*
ottobre	*October*
novembre	*November*
dicembre	*December*

la primavera	*spring*
l'estate	*summer*
l'autunno	*autumn*
l'inverno	*winter*
buon compleanno	*happy birthday*
tanti auguri	*best wishes*

Numeri

Numbers

undici	*eleven*
dodici	*twelve*
tredici	*thirteen*
quattordici	*fourteen*
quindici	*fifteen*
sedici	*sixteen*
diciassette	*seventeen*
diciotto	*eighteen*
diciannove	*nineteen*
venti	*twenty*
ventuno	*twenty-one*
ventidue	*twenty-two*
ventotto	*twenty-eight*
trenta	*thirty*
quaranta	*forty*
cinquanta	*fifty*
sessanta	*sixty*
settanta	*seventy*
ottanta	*eighty*
novanta	*ninety*
cento	*(a) hundred*

in famiglia

questo/a	*this*
quello/a	*that*

- Ascolti e ripeta con l'intonazione giusta.
  (Listen and repeat with the right intonation.)

- Scriva il legame di famiglia per ogni siluetta.
  (Write the family relationship for each silhouette.)
  Esempio: **1** marito

- Ti presento mio marito.
  Piacere!

Continui con:

mia sorella	mio marito
mia moglie	mia figlia
mio figlio	mio cugino
mio fratello	

A   In famiglia

①

Quanti siete in famiglia?

Siamo in due.

Vivo solo.

Siamo in cinque, mia moglie, tre figli e io.

siamo	*we are*
siete	*you are*
sono	*they are*
siamo in cinque	*there are five of us*

Continui con un compagno.

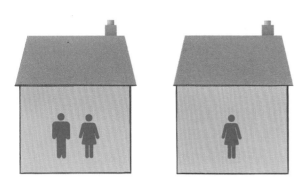

② a Mio o mia?
Ascolti, completi e legga *(read)*.

Piero

Ecco la mia famiglia. Questo sono io, Piero. Ho due sorelle e un fratello: Carla, Silvia e Gianni. . . . madre si chiama Teresa e . . . padre si chiama Enrico. . . . padre ha un fratello più grande, zio Roberto, e una sorella più piccola, zia Mariella. . . . madre invece è figlia unica. I miei nonni materni abitano in campagna. . . . nonna si chiama Irene e ha 68 anni, e . . . nonno si chiama Eugenio e ha 70 anni. I nonni paterni non ci sono, sono morti.

È figlia unica =
Non ha fratelli e sorelle.

b 🖉 Faccia l'albero genealogico.

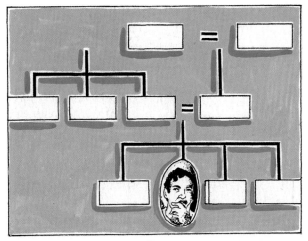

la mia famiglia	*but* ~~la~~ mia sorella
casa	~~il~~ mio fratello

See grammar section (pagina 45).

c 🖉 Guardi l'albero genealogico e completi:

Gianni è il . . . di Piero.
Silvia è la . . . di Gianni, Piero e Carla.
Enrico è . . . . . . di Piero, Gianni, Silvia e Carla
Teresa è . . . . . . di Piero, Gianni Silvia e Carla.
Enrico è il marito di . . .
Teresa è . . . moglie di . . .

Continui lei. Faccia altre frasi.

d 👥 💬 Quanti fratelli ha Silvia?
Chi è Eugenio?
Quante sorelle ha Enrico?
Come si chiama la nonna di Carla?

quanti? quante?	*how many?*
chi?	*who?*

3 📼 🖉 **Hai fratelli e sorelle?**
Ascolti e faccia una frase per ogni persona.

Avete notato?

Hai fratelli e sorelle?
Sei figlia unica?

essere e **avere**: pagina 45.

> Ho due sorelle, una più grande e una più piccola.

Maria Chiara		due fratelli e due sorelle.
Camilla		un fratello più grande.
Annetta	ha	una sorellina più piccola.
Aurora	è	figlia unica.
Il signor Meli		una sorella più grande.

(4) 📖✏ Completi con **è** o **ha**.

Questa . . . una foto rara. La donna . . .
russa, si chiama Irina e . . . trent'anni.
L'uomo . . . suo marito e si chiama Anatoli.
La coppia . . . due figli, una femmina di
dodici anni e un maschio di due. Chi . . . ?
Lei . . . la figlia di Michail e di Raissa
Gorbaciov: . . . figlia unica; i Gorbaciov
non hanno altri figli. La vita privata dei
Gorbaciov . . . circondata dal massimo
riserbo. Sappiamo che Anatoli . . . medico,
ma non . . . noto nemmeno il suo cognome.

(5) La famiglia di Luisella
a 📼✏ Ascolti e completi la
scheda.

l'età	age
il legame	relationship
lo stato civile	marital status
il notaio	solicitor

b ✏ Ricostruisca le frasi.

- famiglia/persone/quattro/ci sono/nella
- notaio/fratello/il/fa/il
- insegnante/la/sorella/l'/fa

c ✏ **Per casa:** Descriva la famiglia di
Luisella usando le informazioni nella
scheda.

nome	legame familiare	età	lavoro	stato civile	figli
Elisa					
Giuseppe					
Luciana					

B Che tipo è?

(6) ✎ Il corpo
Match the names to the parts of the body. Check with the vocabulary (pagina 46).

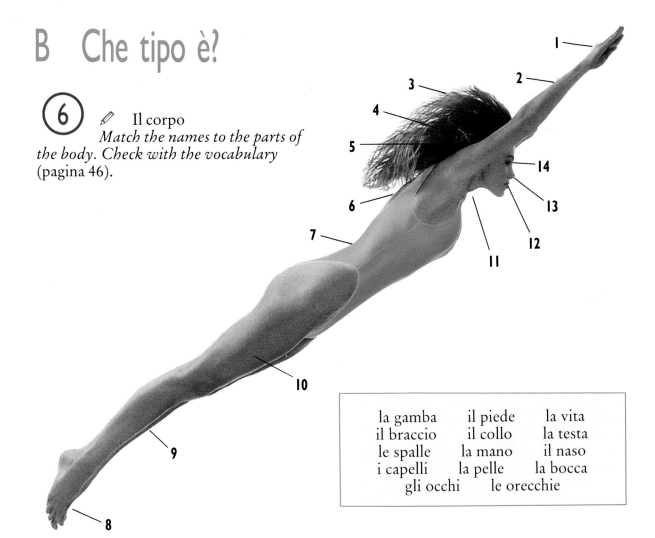

la gamba	il piede	la vita
il braccio	il collo	la testa
le spalle	la mano	il naso
i capelli	la pelle	la bocca
gli occhi	le orecchie	

(7) ✎ ◯ Le proporzioni ideali: scelga e metta gli articoli.

Esempio: **le** gamb**e** lungh**e**

diritto/a	*straight*
folto/a	*thick*
snello/a	*slim*

...testa
le gambe
...vita
...mani (*f pl*)
...naso
...spalle
...capelli
...bocca
...denti

folti
piccola
lunghe
bianchi
grande
diritto
larghe
snella
piccole

Elena   Tina   Sandro   Marco   Roberta

gli occhi azzurri	i capelli corti	i capelli ricci
i capelli grigi	gli occhi grandi	i capelli lunghi
i capelli neri	i capelli biondi	gli occhi castani
gli occhi verdi	gli occhiali	i capelli castani
i capelli lisci	la barba bionda	i baffi neri

a 📖💬 Trovi i dettagli per descrivere ogni persona.
(Choose the right details to describe each person.)

Esempio: Tina ha gli occhi azzurri e i capelli neri e corti.

b 📼 Giusto? Controlli con la cassetta. *(Right? Check with the cassette.)*

9 ✏️ Trovi i contrari:

alto/a   corto/a
magro/a   bruno/a
riccio/a   liscio/a
lungo/a   grasso/a
biondo/a   basso/a

Check with the vocabulary (pagina 46).

10 👥✏️ *You each write a description of yourselves. Jumble up the descriptions, then take it in turns to read one aloud. The others guess who it is.*

spiritoso/a	*witty*
simpatico/a	*nice*
impulsivo/a	*impulsive*

a

Anna Senti, che tipo è Cati?

Laura Fisicamente?

Anna Be', in generale, anche fisicamente, com'è?

Laura Fisicamente, è alta, magra, ha le gambe lunghe e i capelli biondi e gli occhi celesti, e come carattere è molto aperta, simpatica e spiritosa e a volte anche un po' ironica . . .

Anna Ma mi sembra un po' timida qualche volta . . .

Laura Sì, è timida, infatti non è molto sicura di sé stessa.

Che tipo è Cati?

Fisicamente	Come carattere

b Ascolti e faccia la stessa scheda per Francesca.
Che differenza c'è? Confronti con un compagno.

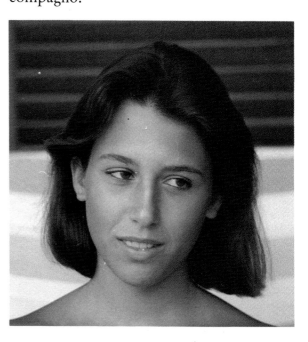

Avete notato?	
molto aperta	*very open*
non molto alta	*not very tall*
un po' timida	*a bit shy*
abbastanza scura	*quite dark*

c *Write a description of a brother, uncle or father. Use* **molto**, **abbastanza**, **un po'**.

Remember to use the masculine form of the adjectives.

Qual è Tommaso Carpi?

la statura	*height*
gli occhiali	*glasses*

Ditta Martelli
Via Portuense 16
Ostia   Genova, 5 maggio 1992

Gentile Direttore,
arriverò all'aeroporto di Fiumicino alle 12,50 con il volo Alitalia AZ 560, come d'accordo. Mi riconoscerà facilmente: sono di media statura, sono molto magro, ho i capelli castani, lisci e gli occhi scuri. Importante: porto gli occhiali e ho i baffi. In genere porto scarpe da tennis e jeans, con una giacca blu.

La saluto cordialmente.

Tommaso Carpi

C Animali

(13) ✏️ **Chi ha animali in casa?**
Listen and number the animals as you hear them.
Poi completi la scheda.

	Animali	Quanti
Lorenza		
Serena		
Marco		
Valentina		
Renata		
Elena		
Barbara		

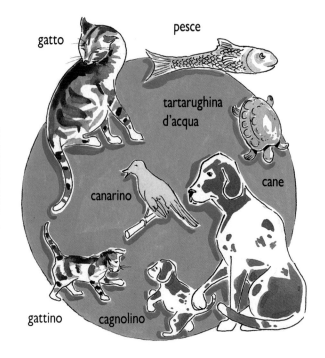

gatto

pesce

tartarughina d'acqua

cane

canarino

gattino   cagnolino

a 🖉 Metta insieme domande e risposte.

1 Ho cinque cani.
2 Sì, amo gli animali.
3 Si chiama Scheggia.
4 È un fox-terrier.
5 Sì, ho un cane lupo.
6 Non ho nessun animale domestico.
7 Da nove anni.

A Da quanto tempo ce l'ha?
B Le piacciono gli animali?
C Lei ha animali domestici?
D Come si chiama?
E Lei ha un cane in casa?
F Quanti animali ha lei?
G Che cane è?

b 👥💬 Faccia una conversazione con tre persone in classe, usando le stesse domande.

> Le piacciono gli animali?
> *Do you like animals?*

 a 🖉 I cani o i gatti?

sono molto affettuosi
sono indipendenti
sono molto puliti
sono costosi per il mangiare
fanno compagnia
sono fedeli
sono egoisti
dormono sui letti
rovinano la casa
sono ottimi amici
non possono stare soli

affettuoso/a	*loving*
pulito/a	*clean*
fedele	*loyal*
egoista	*selfish*

b 👥 Il suo compagno è d'accordo?
(Does your partner agree?)

> Lei è d'accordo?

> Sì, sono d'accordo!

> No, non sono assolutamente d'accordo.

D Presentazioni

 a 📼 📖 Ascolti. Chi è?

Details of one of these two people are on this page.

A Piacere.
B Piacere!
A È di qui?
B No, sono toscana.
A Ah, io sono di Genova. E lavora qui a Milano?
B No, lavoro a Siena. Ho un negozio di scarpe. E lei?
A Ah! Anch'io faccio il commerciante.
B E da quanto tempo fa questo lavoro?
A Da tre anni. È un lavoro interessante. Viaggio molto. Mi piace viaggiare.
B Ha figli?
A No, non ho figli. E lei?
B Sì, io ho tre figli. Anche a me piace viaggiare. Vado spesso a Firenze per lavoro.

b 👥 Scelga un personaggio e parli con gli altri.
Choose a character from the cards and move around talking to people as in **a**.

> celibe = un uomo non sposato
> nubile = una donna non sposata

Angela Vettori Milano
architetto da 12 anni
nubile
35 anni
Interessi: l'amicizia

Mina Donisio Palermo
segretaria da 5 anni
nubile
22 anni
Interessi: il tennis

Marta Bonelli Siena
commerciante (negozio di scarpe)
sposata da 15 anni
3 figli
39 anni
Interessi: viaggiare

Valerio Giannini Roma
medico pediatra
(Ospedali Riuniti)
celibe
43 anni
Interessi: il tennis

Renato Frugoni Vicenza
piccolo industriale
sposato da 20 anni
2 figli (1 maschio/1 femmina)
Interessi: la caccia

Stefano Cella Firenze
camionista da 3 mesi
divorziato
27 anni
niente figli
Interessi: il football

┆ ┆ ┆ ♀ Trovi in classe una persona che ...

- è sposato/a
- ha tre figli
- ha meno di 30 anni
- fa la segretaria
- fa il medico

Tanto per ridere

Grammatica

1 Plurali

To revise the regular plural forms, see page 15, no. 4.
Some irregular plurals:

Singolare	Plurale	
la mano *(f)*	le mani	*hands*
il braccio	le braccia	*arms*
l'uomo	gli uomini	*men*

2 Aggettivi (*Adjectives*)

All adjectives agree with the noun they refer to, both in gender (see page 15, no. 2) and number.

una ragazz**a** brun**a**	due ragazz**e** brun**e**
un ragazz**o** biond**o**	due ragazz**i** biond**i**
una donn**a** interessant**e**	due donn**e** interessant**i**
un uom**o** interessant**e**	due uomin**i** interessant**i**

3 Possessivi (*Possessives*)

Like all adjectives, these agree with the noun they refer to. They are normally preceded by the article (il, la etc.):

Maschile			Femminile		
il mio			la mia		
il tuo	}	libro	la tua	}	penna
il suo			la sua		
i miei			le mie		
i tuoi	}	nonni	le tue	}	sorelle
i suoi			le sue		

*However, when speaking of members of the family in the **singular**, the article is **never** used:*

mio figlio	mia sorella
tuo marito	tua madre
suo padre	sua zia

4 questo (*this*), quello (*that*)

	Singolare	Plurale
m	quest**o**	quest**i**
f	quest**a**	quest**e**

5 *Present of* essere (*to be*) *and* avere (*to have*)

	essere	**avere**
(io)	sono	ho
(tu)	sei	hai
(lui/lei)	è	ha
(noi)	siamo	abbiamo
(voi)	siete	avete
(loro)	sono	hanno

6 Avverbi (*Adverbs*)

Adverbs are placed after a verb:
Mario parla **bene** (*Mario speaks well*)
but before an adjective:
È **molto** simpatico (*He's very nice*).

Some adverbs of degree:

un po'	*a little*
abbastanza	*quite, fairly*
molto	*very*

Vocabolario

La famiglia	Family
ti presento . . .	let me introduce you to . . .
la madre	mother
il padre	father
il figlio	son
la figlia	daughter
la sorella	sister
il fratello	brother
il/la cugino/a	cousin
il/la nonno/a	grandfather/ grandmother
il/la nipote	nephew/niece; grandchild
il marito	husband
la moglie	wife
più grande	older/bigger
più piccolo	younger/smaller
figlio/a unico/a	only child
quanti/e	how many

Il corpo e il carattere	Body and character
i baffi	moustache
la barba	beard
la bocca	mouth
il braccio	arm
le braccia (pl irreg)	arms
i capelli	hair
il collo	neck
i denti	teeth
le gambe	legs
la mano	hand
l'occhio	eye
gli occhi	eyes
l'orecchio	ear
le orecchie (pl irreg)	ears
i piedi	feet
le spalle	shoulders
la testa	head
gli occhiali	glasses
riccio/a	curly
liscio/a	straight (hair)
castano/a	chestnut
biondo/a	fair, blond
corto/a	short (hair etc.)
lungo/a	long
grande	large
piccolo/a	small

alto/a	tall
basso/a	short (height)
magro/a	thin
grasso/a	fat
largo/a	wide, broad
diritto/a, dritto/a	straight
aperto/a	open
simpatico/a	nice
spiritoso/a	witty

Animali domestici	Pets
affettuoso/a	affectionate
egoista	selfish
fedele	loyal
ottimo/a	extremely good
pulito/a	clean
il cagnolino	puppy
il canarino	canary
il cane	dog
il cane lupo	alsatian
il gattino	kitten
il gatto	cat
il pesce	fish
la tartarughina d'acqua	terrapin
rovinare	to ruin
il pelo	coat

Presentazioni	Introductions
celibe	unmarried (man)
divorziato/a	divorced
nubile	unmarried (woman)
sposato/a	married
il camionista	lorry driver
il commerciante	trader, retailer
i figli	children
l'amicizia	friendship
la caccia	hunting
viaggiare	to travel, travelling
piacere	to like
mi piace/piacciono	I like

tutti a casa

Talking about homes
Describing rooms and furniture
Finding a house
Booking into a hotel
Making a reservation by letter or phone
Filling in forms

palazzina a sei piani

casa di campagna

palazzo moderno

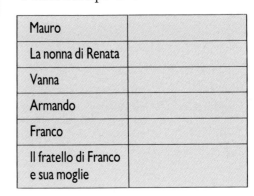

villetta a schiera

● 📼 ✏ Dove abitano? Ascolti e scriva il tipo di casa.

casetta al mare

appartamento

Mauro	
La nonna di Renata	
Vanna	
Armando	
Franco	
Il fratello di Franco e sua moglie	

A   A casa

R.A.I.
RADIOCORRIERE T.V.
UFFICIO PRODUZIONE
1° PIANO

Ditta Musetti & C.
Amministrazione Centrale

STUDIO LEGALE
MELIADÒ-PANZINI

Studio Medico
Dr. Luigi Franchi
Pediatra

1   Dal portiere: a che piano?

a   Ascolti e scriva il piano sotto il nome.

al quinto	**piano**	*on the fifth*	*floor*
quarto		*fourth*	
terzo		*third*	
secondo		*second*	
primo		*first*	
al pianterreno		*on the ground floor*	

b   A che piano sta lo Studio Medico? Fatevi le domande. *(Ask each other.)*

2   Casa o appartamento?

casa, *f.* **1** house **2** home; **a casa**, at home; **vado a casa**, I'm going home

Avete notato?

abit**iamo**	*we live*
abit**ate**	*you (pl) live*
abit**ano**	*they live*
abit**are**	*to live*

Noi italiani generalmente abitiamo in un appartamento, mentre gli inglesi generalmente abitano in una casa. Voi dove abitate? A che piano? Fate un sondaggio in classe.

3 Quante stanze? Ascolti Luisa.

Tick only the rooms she mentions and say how many there are of each.

soggiorno grande

camera da letto

cucina

camera da pranzo

salotto (o salone)

ingresso

studio

bagno

soggiorno piccolo

balcone/terrazzo

4 **a** 📼 📖 Quante stanze ci sono? Ascolti Fiora e studi la piantina.

Fiora La mia casa, credo che sia la casa tipo della famiglia media italiana. È un appartamento in un fabbricato … sta al terzo piano. Appena si entra c'è un corridoio, o un ingresso come si può chiamare. A sinistra c'è una stanza molto grande, poi c'è un terrazzo che da questa stanza gira e arriva fino in cucina. In fondo all'ingresso c'è un piccolo bagno, un salottino a destra e la cucina a sinistra. Poi ci sono altre due stanze e un bagno più grande.

Marina Sono stanze da letto?

Fiora Ci sono due stanze da letto, un salottino, un salone, la cucina e due bagni.

b 📼 ✏️ Riascolti e completi con i nomi delle stanze.

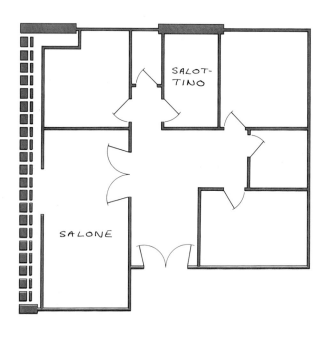

SALOT-TINO

SALONE

c ✏️ Guardi bene. Copra (cover) la piantina.
Che stanze ci sono?

c'è	ci sono

in fondo
(at the end)

a sinistra ⬅️   a destra ➡️

appena si entra
(as you go in)

5 **a** 👥

Studente A: Disegni (draw) la pianta della sua casa. La descriva come in **4a**.

Studente B: Disegni la casa di Studente A.
Scambiatevi i ruoli.

b Fate la conversazione.

- Quante stanze ci sono nella sua casa?
- Quante camere da letto?
- Ci sono due bagni o uno?
- La cucina è grande o piccola?
- C'è la stanza da pranzo?
- C'è il giardino?

6 Ascolti Renata.

Noi non mangiamo in cucina. Nel salone passiamo moltissime ore della giornata, perché lì guardiamo la televisione, lì io lavoro a maglia, lì io gioco a carte con gli amici. Sul balcone coltivo i fiori. Mia figlia Laura studia nel tinello.

lì	*there*
il tinello = il soggiorno	*living room*

cucinare — leggere — lavarsi — guardare la tv — dormire

mangiare — coltivare fiori — giocare a carte — lavorare a maglia — pettinarsi

a Sì o no?

- La famiglia di Renata mangia sempre in cucina.
- In cucina c'è la televisione.
- Renata gioca a carte con gli amici nel tinello.
- Coltiva fiori sul balcone.
- Lavora a maglia nel salone.
- La figlia studia in camera sua.

b Cosa fa Renata in casa? Studi il vocabolario e completi.

cosa fa?	*what does she do?*
lavora	(lavorare)
legge	(leggere)
dorme	(dormire)

nel salone . . ., . . ., . . .
sul balcone . . .
in cucina . . .
in camera da letto . . .
nel bagno . . ., . . .
nello studio . . .
nella stanza da pranzo . . .

(7)

> Quali sono le cose importanti in una casa per lei?

> Per me le cose più importanti sono il giardino, il riscaldamento e la cucina grande.

Guardi l'opuscolo *(brochure)* e metta in ordine di importanza. Dica le sue preferenze e chieda al compagno.

PINETA-CASA
La casa per le vacanze

Tutti gli appartamenti dispongono di:
- riscaldamento *(central heating)*
- finestre grandi *(large windows)*
- doppi servizi (= due bagni)
- garage
- con esposizione a sud *(south-facing)*
- cucina grande
- giardino *(garden)*
- balcone
- doccia *(shower)*

(8) Il mercato della casa

PICCOLA PUBBLICITÀ

In Liguria, vicino al mare, affitto un appartamento arredato con cucinino, soggiorno, camera, 2 balconi e servizi. Telefonate nelle ore dei pasti al numero 021/63592.

A Salerno vendo per 120 milioni un appartamento composto da 4 camere, cucina grande, salone, doppi servizi, garage, a 200 metri dal mare. Telefonate al numero 810/62791.

A Tonezza, a 1200 metri, vicinissimo alle montagne, vendo una villetta a schiera, composta da soggiorno, 3 camere doppie, doppi servizi, cucina piccola, garage, piccolo giardino. Telefonare ore pasti 0731/36450.

A Sanremo affitto un appartamento di una camera e soggiorno con divano-letto, cucina, bagno, terrazzo, riscaldamento autonomo. Telefonate al mattino 057/63456.

A Recanati vendo un appartamento composto da sala, cucina, 2 camere, bagno e posto auto, per 40 milioni. Telefono 049/26581.

A Riccione, a 150 metri dal mare, vendo un appartamento nuovo, composto da soggiorno, cucina, 2 camere, 2 bagni, terrazzo coperto. Telefonare sera 689/78632.

A Pegli vendo appartamento nuovo, composto da una camera, soggiorno con zona cucina, servizi, con vista sul mare. Telefonare ore pasti al numero 0652/40681.

vicino a	*near*
affittare	*to rent/let*
i pasti	*meals*
vendere	*to sell*
il mare	*sea*
l'auto/la macchina	*car*
il posto auto	*parking space*

a 🗨️ ✏️ Legga gli annunci con un compagno e decida:

- Qual è l'appartamento più vicino al mare?
- Quale appartamento ha più camere da letto?
- Quanto costa l'appartamento di Recanati?
- Quali appartamenti hanno più di un bagno?
- Quanti hanno il balcone?
- In quali case c'è il posto per la macchina?
- Qual è la casa per chi ama la montagna?

più	*more, most*

b 👤👤👤 All'Agenzia: una casa per l'estate

Studenti A, B e C: *You are:*
A: *a single person with a car.*
B: *a family of four.*
C: *a couple with a dog.*
Tell the Agency your requirements (four each). For ideas, look at Attività 7 & 8.

Studente D: Lei lavora all'Agenzia.
Riempia il modulo *(form)* con le richieste.
C'è una casa per queste persone negli annunci?

CASABELLA Agenzia Immobiliare Turistica			
	A	**B**	**C**
cucina			
camere da letto			
bagno			
giardino			
garage			
riscaldamento			
altro			

(9) ✏️ Lei vuole affittare la sua casa durante l'estate. Completi l'annuncio per un giornale italiano. *(You want to let your house during the summer. Complete the ad for an Italian newspaper.)*

Affitto mese luglio...... composto/a da......
letto,...... grande/piccolo/a,
cucina......., giardino......
...... bagno/i, vicino al......
Telefonare dopo le/alle...... al......

B La mia stanza

(10) I mobili

a 🔊 ✎ Ascolti la descrizione. *Number the pieces of furniture as you hear them.*

un mobile	*a piece of furniture*
i mobili	*furniture*

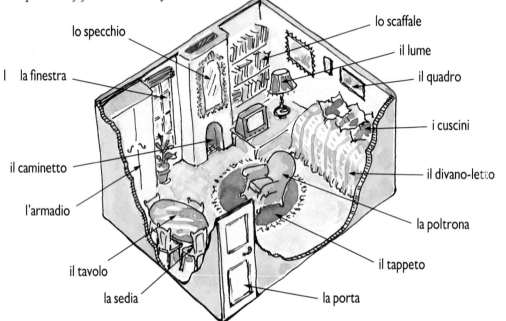

lo specchio
lo scaffale
il lume
I la finestra
il quadro
i cuscini
il caminetto
il divano-letto
l'armadio
la poltrona
il tavolo
il tappeto
la sedia
la porta

b ✎ *After listening: can you remember this room? Look at the picture and fill in the gaps. Then check with the tape.*

È una stanza abbastanza grande con una sola . . . . A destra c'è un piccolo . . . . Sopra il caminetto c'è uno . . . . antico. La . . . . e il lume sono sul mobile a destra. I libri sono sugli . . . . dietro la televisione. Sotto i . . . . c'è un divano-letto con molti . . . . Al centro della stanza c'è una . . . . A sinistra c'è un . . . . con quattro . . . . Dietro il tavolo c'è un . . . . per i vestiti e, vicino al tavolo, una bella pianta.

Avete notato?

di + la	=	**della** stanza
a + il	=	**al** tavolo
su + il	=	**sul** mobile
su + gli	=	**sugli** scaffali

c 👥
Studente A: Descriva la sua stanza. Cosa c'è?
Studente B: Disegni la stanza di A.
Scambiatevi i ruoli.

dietro	*behind*	davanti a	*in front of*
sotto	*beneath*	sopra	*above*

11 📖 👥 Le cose che piacciono
a Stefano e a Susanna
(The things Stefano and Susanna like)

il piano/la chitarra	i libri gialli/i giornali	il tennis/il calcio/lo sci

la tv/la radio/la musica   i cioccolatini/le patatine   il verde/il blu
la Coca-Cola/il caffè   i dischi/le poesie

Studente A: (questa pagina) *Look at the picture and tell* Studente B *five things Stefano likes. Ask if Susanna likes the same things.*
Esempio:
A Stefano piace il calcio.
E a Susanna?
Then answer Studente B's *questions about Stefano.*

Studente B: pagina 224

A Stefano	**piace** il calcio.
	(one thing)
	piacciono i libri.
	(several things)

i (libri) gialli	*detective stories*
il calcio	*football*

12 Santo cielo che disordine! *(What a mess!)*

sotto il giradischi	sul tavolino	sullo scaffale	sul divano
sul mobile	sul pavimento	per terra	vicino al lume	nel piatto

a 🖉 Metta in ordine la stanza.

Il cuscino non va sul pavimento, va sul divano.
Gli occhiali non vanno sul divano, vanno ... tavolino.
Il portacenere non va ....,
va ....
Le bottiglie non ....,
vanno ....
Il disco non ....,
va sotto ....
I bicchieri non ....,
....
I libri ....

b 👥
Studente A: Vero? *(Right?)*
Controlli con Studente B.
Esempio: Il cuscino va sul divano, vero?
Studente B: pagina 225

⑬ 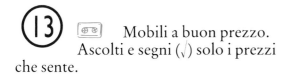 Mobili a buon prezzo.
Ascolti e segni (√) solo i prezzi
che sente.

POLTRONA STILE INGLESE	L.590.000	DIVANO-LETTO CON CUSCINI	L.770.000
TAVOLO DA GIARDINO	L.120.000	CUCINA AMERICANA TUTTA FORMICA	L.2.580.000
CAMERA LETTO RAGAZZO	L.1.500.000	TAVOLO PRANZO MODERNO, 6 SEDIE	L.1.900.000

100	**cento**
200	duecento
1.000	**mille**
2.000	due**mila**
100.000	centomila
120.000	centoventimila
1.000.000	**un milione**
1.500.000	un milione e mezzo
2.650.000	due milioni seicentocinquantamila
3.000.000	tre milioni

14

Studente A: Lei vuole arredare *(furnish)* il soggiorno. Ha solo L.4.500.000. Faccia una lista dei mobili che vuole. Telefoni al Villaggio dell'Arredamento. Cominci così:'Pronto? Buongiorno. Che mobili avete per il soggiorno?' Scriva i prezzi accanto ai mobili e decida cosa comprare.

Studente B: Lei lavora al Villaggio dell'Arredamento. Guardi a pagina 57 e risponda alle domande di Studente A. Cominci così: 'Sì, buongiorno. Per il soggiorno abbiamo …'

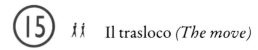 **15** Il trasloco *(The move)*

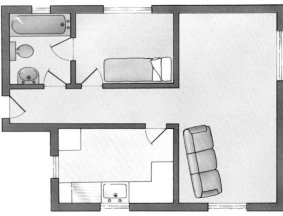

Dove mettiamo i mobili?

| quanto cost**a** il divano? |
| quanto cost**ano** le sedie? |

Dove metto il tavolo?

Lo metta in cucina, vicino alla finestra.

Continui.

| **lo** metta (il tavolo) | **la** metta (la sedia) |
| **li** metta (i tavoli) | **le** metta (le sedie) |

C In albergo, in pensione

 a 🔲 📖 Ascolti e legga con un compagno.

A Buonasera. Desidera?
B Una camera, per favore.
A Singola o doppia?
B Singola.
A Per quante notti?
B Per tre notti.
A Con bagno o con doccia?
B Con bagno.

b 📖 Fate questi dialoghi:

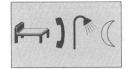 

una camera	doppia singola a tre letti	con	bagno doccia telefono televisione	per	una notte due notti una settimana

17   **a** Cosa dice il turista?
Completi con un compagno.

A   Buongiorno. Desidera?
B   ....
A   Una doppia. Per quante notti?
B   ....
A   Mezza pensione o pensione completa?
B   ....
A   Dunque . . . Doppia con bagno, mezza
    pensione, viene L.68.000.
B   ....
A   Con doccia viene 57.000.
B   ....
A   Allora con doccia . . . Al 3° piano:
    camera numero 60.
B   ....
A   No, la prima colazione non è
    compresa.
    Ha un documento, per favore?
B   Ecco ....

b   Ora ascolti e confronti.

mezza pensione	*half board*
pensione completa	*full board*
la prima colazione	*breakfast*
compreso/a	*included*

18

Scusi, c'è un telefono?

Sì, ce n'è uno al bar e ce ne sono due all'ingresso.

Avete notato?

ce n'è	uno/una	al bar
		al primo piano
ce ne sono	due/tre	qui vicino
	molti/e	

(ne = *of it, of them*)

Studente A: Lei è il turista.

Vuole informazioni su:
- la tv in camera
- camere che danno sul giardino/sul mare
- il bar
- camere tranquille
- il parcheggio
- le tolette.

Faccia le domande.
Studente B: pagina 226
Scambiatevi i ruoli.

19 ✎ All'albergo Le Agavi tutto è a rovescio (*everything is upside down*)!

La signora Zipoli (**A**) è appena arrivata al ricevimento.

Completi la conversazione guardando la piantina.

A C'è un caffè nell'albergo, per favore?
B Sì, certo, sulla . . . .
A E mi scusi, la mia camera è al piano Azalee. Dov'è?
B . . . .
A C'è l'ascensore?
B No, mi dispiace, ci sono le scale.
A Alle 16 devo andare alla sala Congressi. Dov'è?
B . . . .
A C'è . . . . ?
B Sì certo, all'ottavo piano.
A Mi dica, c'è musica stasera in albergo?
B Sì, c'è ogni sera, ...
. . . .
A E dove si può . . . .
B Proprio qui, signora, alla sua destra.

ogni	*each*
danno sul giardino	*(they) overlook the garden*

Continui con un compagno.

(20)

Pronto? Vorrei un'informazione, per favore. Vorrei un buon albergo di 2ª categoria, aperto a marzo, con televisione nelle camere. Abbiamo con noi un handicappato ... C'è il giardino per i bambini?

SIMBOLI

	ᴗ Acqua calda e fredda	Σ Bar
	ᴗ Acqua fredda	Autorimessa
	⊞ Termosifone	Ⓟ Parcheggio
	Appartamenti	♂ Campo Tennis
	Aria condizionata	Piscina
L***** Hotel di gran lusso	® Radio	Auto dell'albergo
***** Hotel di lusso	TV TV nelle camere	Spiaggia privata
**** Hotel di 1ª categ.	Frigo bar nelle camere	♣ Giardino
*** Hotel di 2ª categ.	☎ Telefono nelle camere	Camerini bagni e fanghi term.
** Hotel di 3ª categ.	Ascensore	Accessibile agli handicappati
* Hotel di 4ª categ.	✗ Ristorante	Si accettano animali domestici

Studente A: **a** *Practise with the symbols:* 'Vorrei un albergo con .../ dove ...'
b *Choose five requirements and make a note.*
Phone the Ente Turismo *(Tourist Board) (Studente B) as in the example above. Don't forget to ask for the phone number of the hotel.*

Studente B: pagina 226

D Prenotazioni

(21) a 🔲 Per telefono: Ascolti.

A Pronto?
B Pronto. Albergo Quattro Stagioni. Desidera?
A Vorrei prenotare una camera doppia con bagno e una singola per un bambino.
B Quando, signore?
A Dal 4 al 10 agosto. Vorrei anche la prima colazione.
B Benissimo, signore. Il nome, per favore?
A Tom Mirton.
B Come si scrive?
A Dunque, il nome: T come Torino, O come Orvieto, M come Milano. Il cognome è: Milano, Imola, Roma, Torino, Orvieto, Napoli.
B Bene. Il signor Tom Merton.
A No, non Merton – Mirton: I come Imola.
B Ah, scusi. Mirton, Tom Mirton. Benissimo.

Avete notato?

L'alfabeto telefonico:

Ancona, Bologna, Como, Domodossola, Empoli, Firenze, Genova, Hotel, Imola, Livorno, Milano, Napoli, Orvieto, Pisa, Quebec, Roma, Salerno, Torino, Udine, Venezia, Zara

(j = i lunga   x = ics   y = ipsilon
w = doppia v   k = kappa)

---

b ⚔ ✎ Come si scrive?
Yours is a busy hotel. Write down the names of five recent arrivals (your classmates) and check the spelling.

c ⚔ ✎
Studente A: Portiere. Riempia il modulo. *Check all spelling.* Cominci così: 'Nome? . . . Cognome?'
Studente B: Cliente. Risponda.
Scambiatevi i ruoli.

ALBERGO QUATTRO STAGIONI
PISA

Nome _____
Cognome _____
Nato/a a _____
Data di nascita _____
Residenza _____
Stato civile _____
Professione _____
Documento _____
Durata del soggiorno _____

(22)  Per lettera

```
Spettabile Direzione
Albergo La Fattoria
Passignano sul Trasimeno
Perugia
ITALY

                    Birmingham, 10 maggio 199—

   Gentile Direttore,

      Vorrei venire in Italia dal 25 al 31
   luglio con mia moglie e i miei due
   bambini di otto e dodici anni. Vorrei
   prenotare due camere doppie, una
   matrimoniale e una a due letti per i
   bambini, tutte e due con doccia. Vorrei
   la camera a due letti con televisione e
   la matrimoniale con telefono.

      Vorrei sapere il prezzo delle camere e
   se la prima colazione è inclusa.

      In attesa di una sua risposta la saluto
   cordialmente.

                   John Warren

                   John Warren
```

a ✎ Quanto spenderà al giorno il signor
Warren per tutta la famiglia?

CAT. · CATEGORY · CATEGORIE KATEGORIE · CATEGORÍA	NOME NAME NOM NAME NOMBRE	CAMERE · ROOMS · CHAMBRES ZIMMER · HABITACIONES	LETTI · BEDS · LITS BETTEN · CAMAS	BAGNI · BATHROOMS · BAINS BADEZIMMER · BAÑOS	SERVIZI SERVICES SERVICES SERVICE SERVICIOS								min max	min max	min max	min max	min max	min max	min max	min max

Passignano sul Trasimeno ◎ PG m 289 ☒ 06065 ☎ 075 ◪ APT 🚲 Passignano ⛴

★★★	IL GABBIANO - S. Agnese di Passignano ☎ 827788 - Loc. S. Vito	33	61	33	♩ 🚹 ⋔ Ψ Ⓟ ✕ ⚓ 🚗 ✿ ✎ 🆂🅶					55.000		80.000		80.000		70.000
★★★	LA FATTORIA - Via Rigone, 1 ☎ 845322 - FAX 845197 - TLX 564009 Loc. Castel Rigone	29	54	29	♩ 🚹 Ⓐ ⋔ Ψ 📠 ⚓ 🚗 ✿ 🆂🅶 Ⓟ					48.000 55.000		72.000 80.000		72.000 83.000		54.000 65.000
★★★	LIDO - Via Roma, 1 ☎ 827219	52	100	52	♩ 🖥 🚹 Ⓐ ⋔ Ψ 📠 🚗 ✿ 🆂🅶					55.000		80.000		60.000 84.000		40.000 65.000

b 🖉 Completi in modo appropriato la lettera di conferma.

Albergo La Fattoria
Passignano sul Trasimeno
Perugia

Perugia, 17 maggio

Gentile Signor Warren,

Siamo lieti di confermarle la prenotazione di ..... camera............, con ...., e una ...., con ...., per il periodo .... Il prezzo è di .... al giorno per camera. La .... è compresa.

Distinti saluti,
La Direzione

23 **a** 🖉 Usando queste note, scriva due lettere per prenotare le camere.

1 camera, tre letti
doccia
1ª colazione
1-30 agosto
camera tranquilla
prezzo?

3. camere singole
1 doccia / 2 bagno
niente colazione
10-15 giugno
telefono in camera
prezzo?

dal dieci **al** venti maggio
dal primo **all'**otto settembre

b 👥 Con un compagno, faccia due telefonate.

Grammatica

1 Presente dei verbi regolari

Le tre persone plurali: **noi** *(we)*, **voi** *(you)*, **loro** *(they)* (singolare: pagina 32)

	abit**are**	legg**ere**	dorm**ire**
(noi)	abit**iamo**	legg**iamo**	dorm**iamo**
(voi)	abit**ate**	legg**ete**	dorm**ite**
(loro)	abit**ano**	legg**ono**	dorm**ono**

2 Verbi irregolari

	fare	**andare**	**uscire**
(io)	faccio	vado	esco
(tu)	fai	vai	esci
(lui/lei)	fa	va	esce
(noi)	facciamo	andiamo	usciamo
(voi)	fate	andate	uscite
(loro)	fanno	vanno	escono

3 Preposizioni articolate

su, a, in, di, da + articolo
Esempio: La gatta è **sul** letto vicino **alla** finestra **nella** stanza di Mimma.

a + la = alla	su + la = sulla	in + la = nella
a + il = al	su + il = sul	in + il = nel
a + lo = allo	su + lo = sullo	in + lo = nello
a + l' = all'	su + l' = sull'	in + l' = nell'
a + le = alle	su + le = sulle	in + le = nelle
a + i = ai	su + i = sui	in + i = nei
a + gli = agli	su + gli = sugli	in + gli = negli

di + la = della	da + la = dalle
di + il = del	da + il = dal
di + lo = dello	da + lo = dallo
di + l' = dell'	da + l' = dall'
di + le = delle	da + le = dalle
di + i = dei	da + i = dai
di + gli = degli	da + gli = dagli

4 piacere: singolare e plurale

Mi **piace** la pizza. *I like pizza.*
Mi **piacciono** i bambini. *I like children.*

5 Pronomi personali

I pronomi personali oggetto diretto vanno prima del verbo.

leggo il libro → **lo** leggo
compro i libri → **li** compro
vedo la sedia → **la** vedo
compro le sedie → **le** compro

6 c'è/ci sono, ce n'è/ce ne sono

c'è un tavolo   ci sono tre sedie
(there is . . .)   *(there are . . .)*

Scusi, c'è un telefono?
Sì ce **n'è** uno   Sì, ce **ne** sono due
(there is one)   *(there are two)*

ne = *of it, of them*

7 Booking by letter

Spettabile Direzione
Albergo . . . .

(town), 12 marzo 199–

Gentile Direttore,

. . . .

In attesa di una sua risposta {le invio cordiali saluti / la saluto gentilmente/ cordialmente

Vocabolario

La casa — *The home*

l'appartamento	*flat, apartment*
la casa	*house; home*
la casetta	*small house, cottage*
il palazzo	*block of flats*
il piano	*floor, storey*
il pianterreno	*ground floor*
la villetta a schiera	*terraced house*
il bagno	*bathroom*
il balcone	*balcony*
la camera/stanza da letto	*bedroom*
la camera/stanza da pranzo	*dining room*
il corridoio	*corridor*
la cucina	*kitchen*
la doccia	*shower*
l'ingresso	*entrance hall*
il salone/salotto	*drawing room*
il soggiorno	*living room*
lo studio	*study*
il terrazzo	*balcony*
coltivare i fiori	*to grow flowers*
cucinare	*to cook*
dormire	*to sleep*
fare	*to do*
giocare a carte	*to play cards*
guardare la tv	*to watch TV*
lavarsi	*to wash oneself*
lavorare a maglia	*to knit*
leggere	*to read*
mangiare	*to eat*
affittare	*to let; to rent*
l'annuncio	*advertisement*
composto da	*consisting of*
l'esposizione a sud	*south-facing position*
la finestra	*window*
il garage	*garage*
il giardino	*garden*
il riscaldamento	*heating*

I mobili — *Furniture*

l'armadio	*wardrobe, cupboard*
il caminetto	*fireplace*
i cioccolatini	*chocolates*
il cuscino	*cushion*
il disco (i dischi)	*record(s)*
il divano	*sofa, divan*
il letto	*bed*
i libri gialli	*detective stories*
il lume	*lamp*

il mobile	*piece of furniture*
il pavimento/la terra	*floor*
il piatto	*dish*
la poltrona	*armchair*
la porta	*door*
il portacenere	*ashtray*
il quadro	*picture*
lo scaffale	*bookshelf*
la sedia	*chair*
il tappeto	*carpet*
il tavolo	*table*
la televisione	*television*

L'albergo — *The hotel*

l'albergo	*hotel*
l'ascensore	*lift*
la camera/stanza	*room*
compreso/a	*included*
doppio/a	*double*
mezza pensione	*half board*
la pensione	*pension*
pensione completa	*full board*
la piscina	*swimming pool*
il ricevimento	*reception*
le scale	*stairs*
singolo/a	*single*
come si scrive?	*how do you spell it?*
una camera che dà su . . .	*a room overlooking . . .*

Prenotazioni — *Bookings*

il cognome	*surname*
il luogo di nascita	*place of birth*
il luogo di residenza	*place of residence*
il nome	*first name*
prenotare	*to book*
lo stato civile	*marital status*

I numeri — *Numbers*

cento	*(a) hundred*
duecento	*two hundred*
trecento	*three hundred*
mille	*a thousand*
duemila	*two thousand*
tremila	*three thousand*
diecimila	*ten thousand*
ventimila	*twenty thousand*
centomila	*a hundred thousand*
un milione	*a million*
due milioni	*two million*
tre milioni e mezzo	*three and a half million*

in città

Asking for and giving directions
Describing places
Expressing admiration
Enquiring about public transport
Writing postcards and buying stamps

Piazza Navona

San Pietro

Castel Sant'Angelo

il Pantheon

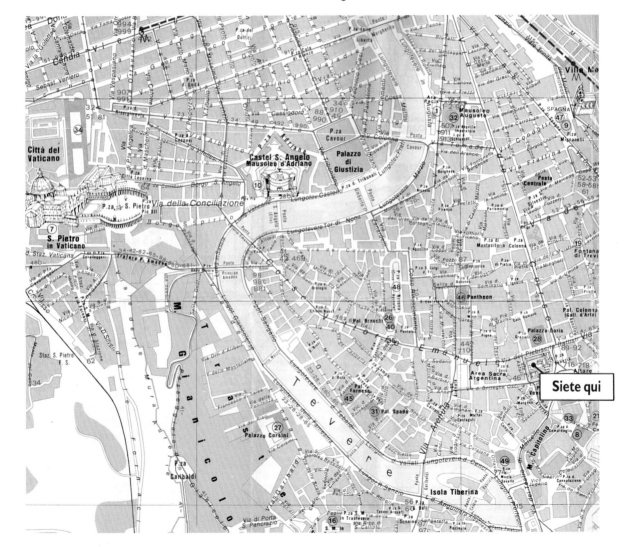

Siete qui

- 🔲 💬 Ascolti la guida. Conosce questi monumenti?
- Riascolti la guida e segua sulla cartina l'itinerario di oggi e di domani. Ripeta i nomi.

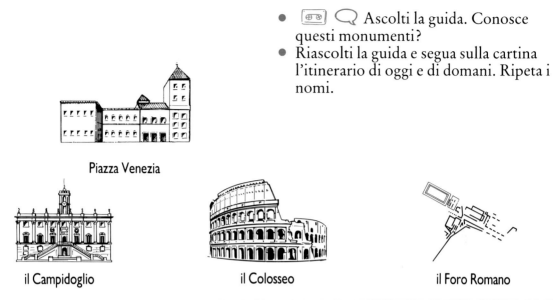

Piazza Venezia

il Campidoglio

il Colosseo

il Foro Romano

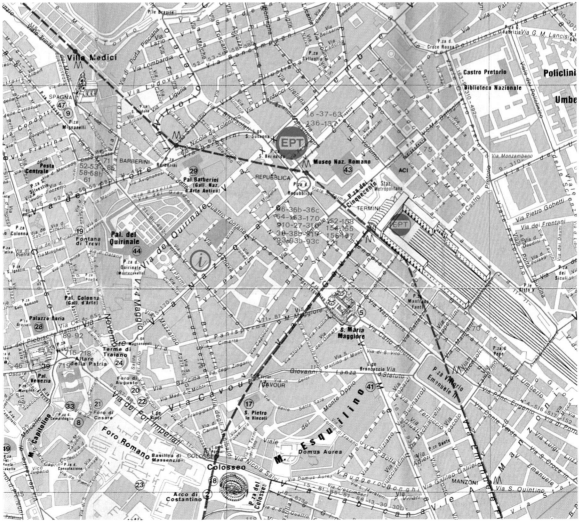

A In città

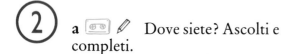

① In tassì. Ascolti e completi gli indirizzi.

..... Frattina ......
..... Parioli ....
..... Risorgimento .....
..... Vittorio ......

la via	*street*
il viale	*avenue*
la piazza	*square*
il corso	*boulevard*

but: Via Piave 32

② **a** Dove siete? Ascolti e completi.

Tommaso Pronto? Ciao Nico, sono Tommaso, sono arrivato.
Nico Dove sei?
Tommaso Sotto casa tua, _ _ _ _ _ _ _ alla farmacia, _ _ _ _ _ _ al semaforo.
Nico Aspettami, vengo subito!

Lisa Pronto? Carla? Siamo arrivati.
Carla Dove siete?
Lisa Siamo a Piazza Esedra, _ _ _ _ _ _ alla stazione.
Carla Dove esattamente?
Lisa Di fronte al cinema, _ _ _ _ _ _ all'edicola.
Carla Bene. Vengo a prendervi. Sono lì fra dieci minuti.

b Completi:

vicino ... stazione
di fronte ... chiesa
vicino ... fontana
davanti ... zoo
vicino ... parcheggio
vicino ... semaforo
davanti ... edicola

il semaforo	*traffic light*
aspettami	*wait for me*
vengo subito	*I'll be right there*
di fronte a	*opposite*
l'edicola	*newspaper kiosk*

3 ⚭ Fate i dialoghi.

Sandro	Dove sei?	**Enzo**	**Gianni**
Anna	Davanti alla farmacia.	**Pina**	**Aurora e Alessio**
(outside chemist's)		*(near traffic lights)*	*(near station)*

Giulia	Dove siete?	**Luciano**	**Massimo**
Manuela e Carla		**Angela**	**Patrizia**
(outside church)		*(near fountain)*	*(outside zoo)*

4 ⚭

Studente A: Chieda la strada per . . .

Esempio: La stazione Termini, per favore?

Studente B: Guardi la foto e dia le indicazioni.

a sinistra

a destra

sempre dritto

in fondo

5 Guardi la cartina di Roma (pagina 68): lei è a Piazza Venezia.
Ascolti: dove la manda il vigile?

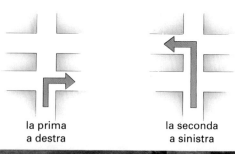

la prima
a destra

la seconda
a sinistra

Avete notato?

Scusi, per andare a . . .?	prenda *(take)*
	vada *(go)*
Scusi, dov'è . . .?	giri *(turn)*
Scusi, c'è un/una . . . qui vicino?	È lì *(it's there)*
	È qui *(it's here)*

È lì!

6

Studente A: questa pagina
Studente B: pagina 227

Studente A:

a Ascolti e segni i nomi.
(Listen and write in the names of the places.)
Check with Studente B.

b Chieda a Studente B dov'è il Bar Paradiso, la stazione, la farmacia e l'agenzia di viaggi.

c *Place* l'edicola, la posta, il museo, il supermercato, la chiesa *in any of the empty spaces on the map.*
Now give suitable directions to Studente B.

Piazza Verdi

Bar Massimo

Via Manzoni

Corso Italia

Viale Dante

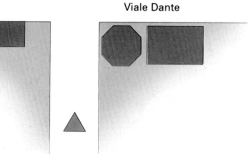

B Passeggiate romane

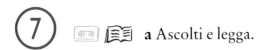

(7) a Ascolti e legga.

Bianca Ciao Peter, la settimana prossima vado a Roma: mi puoi dare un consiglio? Tu Roma la conosci bene. Mi puoi dire cosa posso vedere in due giorni?

Peter Ma... in due giorni non puoi vedere tutto. Per me la cosa più bella a Roma sono le fontane. Sono stupende. Tu in che albergo vai?

Bianca Vado in una pensione in Via dei Barbieri, vicino a Largo Argentina.

Peter Benissimo, lì vicino ci sono tre fontane meravigliose: la Fontana dei Fiumi a Piazza Navona, la Fontana delle Tartarughe a Piazza Mattei e non lontano, vicino al fiume, c'è il Mascherone di Via Giulia.

Bianca Che bell'idea! E senti, posso andarci a piedi?

Peter Certo, sono vicinissime. Dunque,

la più vicina è la Fontana delle Tartarughe. Da Via dei Barbieri devi andare a Via Arenula. Lì devi girare a destra e attraversare la strada, poi devi prendere la terza a sinistra, Via dei Falegnami. Poi devi andare sempre dritto fino a Piazza Mattei e lì c'è la fontana.

posso	*I can*
puoi	*you can (fam.)*
il fiume	*river*
la tartaruga	*turtle*
il mascherone	*large mask*
devi	*you must (fam.)*
attraversare	*to cross*

b Riascolti e segua l'itinerario da Via dei Barbieri sulla cartina di Roma. (Prima trovi Via dei Barbieri: è vicino a Largo Argentina, a sinistra.)

8 Scelga **a**, **b** o **c** per completare le frasi **1, 2, 3**.

1 Bianca telefona a Peter,
2 Bianca non può vedere tutto,
3 Bianca può andare a piedi,

a perché le fontane sono vicine.
b perché vuole un consiglio.
c perché rimane due giorni.

9 Riascolti il dialogo di Attività 7 e risponda.

● Dov'è la Fontana delle Tartarughe?
● Qual è la fontana più vicina?
● In che strada si trova il Mascherone?
● Come si chiama la fontana di Piazza Navona?

10 Guardi la cartina di Roma (pagina 69).
Usando vada/giri/prenda/continui/attraversi

a dica al compagno come andare dalla pensione in Via dei Barbieri alla Fontana dei Fiumi a Piazza Navona.

b scriva un messaggio a Bianca dicendo come andare dalla sua pensione
1 a Campo dei Fiori
2 più lontano: al Ponto (*Bridge*) sul fiume Tevere.

11

> *To express admiration:*
> Che bell'idea!
> Che bel**le** fontane!
>
> *The endings of* bello *are just like the definite article (see* Grammatica 4, pagina 83*).*

Esempio: Che bella casa!

Continui.

frutta

bambino

fiori

chiesa

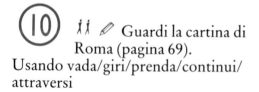

casa

scarpe

paesaggio

statua

piazza

Dire o dare? Usi il lei.

Avete notato?

Mi puoi dare un consiglio?
Can you give me ...?
Mi puoi dire cosa posso vedere?
Can you tell me ...?

posso ...? (io)
puoi ...? (tu: *informal*)
può ...? (lei: *formal*)

(Al telefono)	Mi può dare un consiglio?
(Per strada)	Mi . . . . dov'è la banca?
(Alla stazione)	Mi . . . . a che ora parte il treno?
(All'edicola)	Mi . . . . un giornale inglese?
(Al negozio)	Mi . . . . quanto costa questo ombrello?
(Al bar)	Mi . . . . un bicchiere d'acqua?
(Al telefono)	Mi . . . . un'informazione?
(Per strada)	Mi . . . . se c'è una farmacia?

Cara Marcella,
finalmente siamo arrivati. Roma è una città molto bella. Ci sono tanti monumenti belli. Ci sono chiese antichissime e belle. Nel centro di Roma ci sono molti negozi belli. Il Campidoglio è in cima ad una collina ed è veramente bello. Lì vicino, a Piazza Venezia, c'è il monumento a Vittorio Emanuele che non è particolarmente bello. La cosa più bella per me è il Foro, pieno di monumenti belli, e c'è anche un giardino con piante di limoni e di arance che è veramente bello. Le fontane di Roma poi sono assolutamente belle! Perché non vieni anche tu?

Un abbraccio
Elena

a **Al posto di bello usi**

bellissimo/a
interessante
meraviglioso/a
stupendo/a
straordinario/a
~~bello~~ famoso/a
magnifico/ca/ci/che
fantastico/ca/ci/che
incantevole

Attenzione: Si può tenere solo un **bello/a**.

b **Per casa:** Descriva allo stesso modo la sua città:

È una città .../Ci sono .../
Nel centro c'è/ci sono .../
Per me la cosa più .../C'è anche .../
È pieno/a di .../Poi ...

C Trasporti urbani

(14) Lei come va al lavoro?

a 📼 🖉 Ascolti e metta le indicazioni di tempo.

	qualche volta	sempre
di solito	prima ... poi	generalmente

Roberta .... in macchina.
Bianca Vado ...... in metropolitana.
Carlo .... a piedi, ... in autobus.
Diana .... a piedi, è vicinissimo.
Massimo Vado in tram, ...
Federico Prendo ...... l'autobus e ...... il treno.
Giulia Se c'è il sole vado in bicicletta, se piove vado in autobus.

se	*if*
se piove ...	*if it rains ...*
se c'è il sole ...	*if it's sunny ...*

b 🖉 Vero o falso?

1 Bianca va raramente in metropolitana.
2 Massimo va sempre in autobus.
3 Federico va in autobus e in treno.
4 Carlo non va mai a piedi.
5 Diana di solito va in bicicletta.
6 Roberta va generalmente in macchina.
7 Giulia va sempre in autobus.

Vado	in	macchina	metropolitana
Va		treno	autobus
		bicicletta	tram
	a	piedi	

 Quanto ci vuole?

Avete notato?

Ci **vuole**	un'ora
	mezz'ora
	un quarto d'ora
	5 minuti
Ci **vogliono**	10 minuti
	tre quarti d'ora

circa	*about*
più o meno	*more or less*
non più di	*no more than*

a Riascolti il testo di Attività 14 e segni (√) solo i tempi che sente.

5 minuti	45 minuti
mezz'ora	20 minuti
30 minuti	tre quarti d'ora
10 minuti	25 minuti
un quarto d'ora	40 minuti
un'ora	due ore

b Dica e scriva quanto ci vuole:

Esempio: Ci vogliono 30 minuti.
Ci vuole mezz'ora.

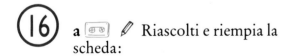

 **a** Riascolti e riempia la scheda:

Nome	Mezzo (Means of transport)	Sempre/Di solito/ Qualche volta	Tempo che ci vuole
Roberta			
Bianca			
Carlo			
Diana			
Massimo			
Federico			
Giulia			

b

Perché?	*Why?*
Perché . . .	*Because . . .*

Perché Bianca va al lavoro sempre in
  metropolitana?
Perché Massimo va generalmente in tram?
Perché Giulia qualche volta va in autobus?
Perché Federico prende due mezzi?
Perché Diana va sempre a piedi?

c ✏ Copi la scheda e faccia un
sondaggio in classe.

17 a 📼 Ascolti e ripeta.

A Scusi, c'è un autobus per il Colosseo?
B Sì, c'è l'11.
A Dov'è la fermata?
B Davanti alla Standa, a 200 metri.

A Scusi, che autobus prendo per San
  Pietro?
B Ma c'è il tram, signora. La fermata è a
  Piazza Ungheria, all'angolo. È a due
  passi.
A Che numero è?
B Il 30.

a 200 metri	*200 metres away*
all'angolo	*round the corner*
a due passi	*very near (literally:*
	two steps away)

b 👥
Studente A: Chieda se c'è un autobus/
  un tram per
  1 il Pantheon
  2 la fontana di Trevi.
  Poi dia le indicazioni a
  Studente B.
Studente B: pagina 227

fermata 62
(vicino all'edicola)
50 metri

fermata 60
(davanti alla Standa)
100 metri

La nuova Metropolitana di Roma

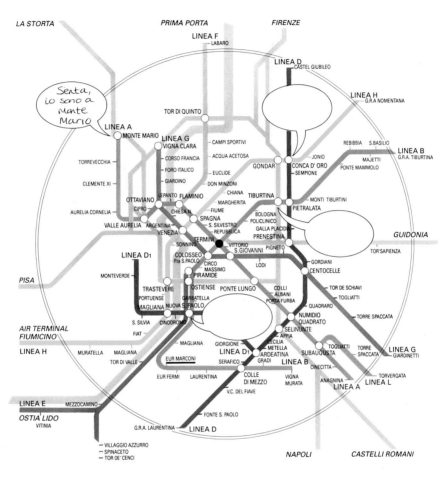

a 📖 ✏️ Vero o falso? Studi la piantina.

- Dalla Stazione Termini a Piazza di Spagna ci sono due fermate.
- Per andare da Piazza Venezia al Foro Italico non bisogna cambiare.
- Da Piazzale Flaminio al Colosseo bisogna cambiare due volte.
- Da San Giovanni all'EUR bisogna prendere la Linea B.

b 👥 È l'anno 2000. All'EUR (linea B, Fermata EUR Marconi) c'è un Congresso di Industriali. Dica ai partecipanti (gli altri studenti) come arrivare in metropolitana.

Esempio: "Senta, io sono a Monte Mario."
"Dunque, **prenda** la linea A, **cambi** a Termini, **prenda** la B e **scenda** All'EUR Marconi."

bisogna cambiare	*you must change*
bisogna prendere	*you must take*
bisogna scendere	*you must get off*

(19) In Italia bisogna fare i biglietti *(buy tickets)* prima di salire sull'autobus, di solito dal giornalaio o dal tabaccaio.

una tessera per un mese

un blocchetto di 10 biglietti

un biglietto da 800 lire

un biglietto **da** 800 lire

un biglietto valido dalle 5 alle 14

Compri:

2 biglietti	(ore 5–14)
4 biglietti	(800 lire)
10 biglietti	(blocchetto)
1 biglietto	(ore 14–24)
1 tessera	(1 mese)
2 tessere	(1 settimana)

D Cartoline

(20) 📖 Quale cartolina è?

1

2

3

A

Ciao!
Ti scrivo da
Torricella. Siamo qui
da due settimane e
stiamo benissimo.
Il paese è su una collina
e ha un vecchio castello.
Il tempo è buono.
A presto!
Un abbraccio.

Franco

B

Adoro questa città
anche perché non
ci sono macchine, ma
quanti turisti!
E quante zanzare!
Affettuosamente.

C

Questo è il mio
panorama preferito.
Si vede il centro
storico e in fondo
la cupola di S. Pietro.
Cari saluti

Teresa

(21) ✎ Una cartolina da ...

Cara Angela, sono a Londra.
È una città fantastica.
Questo è il famoso ponte,
Tower Bridge!
È molto interessante.
Un abbraccio,
Natalia

Continui con le cartoline di:

Hyde Park (parco)
Harrods (negozio)
Buckingham Palace (palazzo reale)
Big Ben (orologio del Parlamento)

affollato/a   pieno/a di belle cose
pieno/a di turisti   verde   caro/a
caratteristico/a   bello/a
imponente

(22) Dal tabaccaio
a  Ascolti e legga.

James	Scusi, quanto costa un francobollo per l'Inghilterra?
Tabaccaio	Per cartolina 500, per lettera 700, per tutta l'Europa.
James	Allora vorrei un francobollo da 500, per favore.
Tabaccaio	Ecco a lei.
James	Grazie, buongiorno.
Tabaccaio	Prego, buongiorno.

un francobollo **per** l'Inghilterra
un francobollo **da** 500 lire

b ♟ Continui. Faccia il dialogo.

Paolo Cerlini
54, Rue Vitrouve
Nice
Francia

Mr. and Mrs G. Lawrence,
47, Oak Avenue,
Billington,
Surrey,
Inghilterra.

Grammatica

1 *Asking the way*

Scusi, dov'è …?
Scusi, c'è un/una … qui vicino?
Scusi, per andare a …

È qui
È lì

davanti ⎫
vicino ⎬ al/allo/alla/all' *etc.*
di fronte ⎭

2 Imperativo *(Commands)*

Lei *form (formal)*:
giri   (gir**are**)
prend**a**   (prend**ere**)
segu**a**   (segu**ire**)
vad**a**   (and**are**, *irregular*)

3 Presente di **potere, volere, dovere**
(verbi irregolari)

potere	**volere**	**dovere**
posso	voglio	devo
puoi	vuoi	devi
può	vuole	deve
possiamo	vogliamo	dobbiamo
potete	volete	dovete
possono	vogliono	devono

Potere, volere, dovere sono quasi sempre
seguiti da un infinito.

Esempio: Posso andarci a piedi?
       Vuoi telefonare?
       Deve scrivere una cartolina.

4 **che bello!**

che	Singolare	Plurale
	be**l** cielo!	be**i** giardini!
	bel**lo** spettacolo!	be**gli** edifici!
che	bel**l'**orologio!	be**gli** orologi!
	bel**l'**isola!	bel**le** isole!
che	bel**la** città!	bel**le** fontane!

NB: The endings of bello *are the same as the definite article.*

5 **bisogna …**

bisogna + infinito =
you/one must, it is necessary to

Esempio: Bisogna prendere il tram.

NB: bisogna *only exists in the 3rd person singular.*

Vocabolario

Indirizzi	*Addresses*
la cartina	*map (of town)*
corso	*boulevard*
piazza	*square*
la strada	*road, street*
via	*street*
viale *(m)*	*avenue*

Indicazioni stradali — *Directions*

a destra/sinistra	*on the right/left*
all'angolo	*round the corner*
davanti a	*in front of/just outside*
di fronte a	*opposite*
in fondo (a)	*at the bottom (of)*
sempre dritto	*straight on*
vicino a	*near*

In città — *In town*

il centro	*the centre*
la chiesa	*church*
la collina	*hill*
la cupola	*dome*
l'edicola	*newspaper kiosk*
la farmacia	*chemist's*
il fiume	*river*
il panorama	*view*
la posta	*post office*
il semaforo	*traffic lights*
il tabaccaio	*tobacconist*
il vigile	*traffic policeman*

Verbi — *Verbs*

conoscere	*to know*
cambiare	*to change*
comprare	*to buy*
girare	*to turn*
prendere	*to take*
scendere	*to get off*
vedere	*to see*

Frequenza — *Frequency*

di solito	*usually*
generalmente	*usually, generally*
(non) mai	*never*
qualche volta	*sometimes*
raramente	*rarely*
sempre	*always*
spesso	*often*

Trasporti — *Transport*

a piedi	*on foot*
in autobus	*by bus*
in bicicletta	*by bike*
in macchina	*by car*
in metropolitana	*by tube*
il biglietto	*ticket*
il blocchetto	*book of tickets*
fare i biglietti	*to buy tickets*
la fermata	*stop*
la tessera	*season ticket*
veloce	*fast*

Il tempo — *Weather*

c'è il sole	*it is sunny*
piove	*it rains/is raining*

Lettere e cartoline — *Letters and cards*

a presto	*see you soon*
un abbraccio	*hugs and kisses*
affettuosamente	*love from*
la cartolina	*postcard*
il francobollo	*stamp*
la lettera	*letter*
saluti cari	*all the best*

per sopravvivere

Understanding prices and rates of exchange
Changing money
Using Italian weights and measures
Shopping for food
Recipes
Talking about eating habits

- 📖 📼 ✏️ Guardi le foto e ascolti. Completi la lista dei prezzi.

Banane	3000 lire
Patate	
Pesche bianche	
Uva nera	
Lattuga	
Pomodori rossi	
Pomodori verdi	
Peperoni	
Meloni	
Zucchine	
Finocchi	

- 👫 Quanto costa l'uva?
  Quanto costano le pesche?
  Qual è la frutta meno cara *(least expensive)* oggi al mercato?

A Quant'è il cambio?

 ✐ **a** Ascolti e completi con la nazionalità.

b Riascolti e scriva le valute in numeri.

MERCATO VALUTARIO		
Dollaro	Stati Uniti	**1287,850**
ECU		
Marco		
Franco		
Sterlina		
Peseta		
Dracma		
Yen		

11,962 = undici **virgola** novecentosessantadue

(2) 💬 Quant'è in lire? Usi la tabella del cambio.

Esempio: $3 \times \pounds1 = 3$ per L.2.192.
Tre sterline sono L.6.576

20 × US$1   20 × £1
 5 × DM1   1 × 50p
10 × FFr1

(3) Allo sportello del cambio
a 📼 💬 Ascolti e ripeta.

SPORTELLO no.1
CAMBIO
CASSA

ORARIO DI
APERTURA
9-15
Sabato chiuso

Impiegato	Desidera?
Turista	Vorrei cambiare 50 sterline. Quant'è il cambio oggi?
Impiegato	Dunque, la sterlina . . . è 2192 lire. Ha un documento per cortesia?
Turista	Sì – ecco il passaporto.

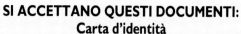

SI ACCETTANO QUESTI DOCUMENTI:
Carta d'identità
Passaporto
Patente di guida

b ⚹⚹ Continui con un compagno usando la tabella del cambio.

100 dollari/
patente

150 marchi/
carta d'identità

200 franchi/
passaporto

500 pesetas/
patente

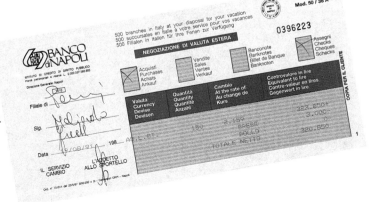

B Dove fa la spesa?

(4) Mercato o supermercato?
a 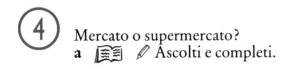 Ascolti e completi.

Giulia	Signora senta, lei dove fa la spesa di solito?
Renata	La faccio nei negozi attorno a . . . . . . La . . . . . . tutti i . . . . . . per quello che riguarda la . . . . . . e la . . . . Invece se devo . . . . . . la pasta, i legumi, i . . . . . . pelati, allora preferisco . . . . . . al supermercato perché è più comodo e si risparmia.
Giulia	Ogni quanto . . . . . . la . . . . . . al supermercato?
Renata	Al . . . . . . ogni 15/20 . . . . . ., dipende.

Ombretta	Io . . . . . . una volta alla settimana in un grande . . . . . . Poi giornalmente compro invece nei . . . . . . che ho . . . . . . casa, il pane, il latte, ..., ...
Mariella	C'è un mercato vicino . . . . . . sua?
Ombretta	Sì ce n'è uno . . . . Se posso vado al . . . . . . ogni . . . . . ., se no una volta alla . . . . . . perché la frutta è più fresca.

b 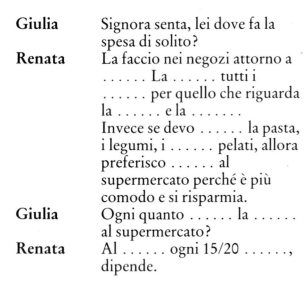 Riascolti e riempia la scheda.

fare la spesa	*to do the shopping*
il negozio	*shop*
comodo/a	*handy*
si risparmia	*you save money*

	Negozi	Mercato	Supermercato
Renata			
Ombretta			

- Ogni quanto fa la spesa al supermercato Renata?
- Va spesso al mercato Ombretta?
- Dove compra la pasta, i legumi e i pelati Renata?
- Cosa compra nei negozi Ombretta?

ogni quanto?	
una volta	**alla** settimana **al** giorno, **al** mese **all'** anno
tutti i giorni ogni giorno	*every day*

5 📖 ✏️ Metta ogni prodotto sul suo scaffale. *(Place each product on the appropriate shelf.)*

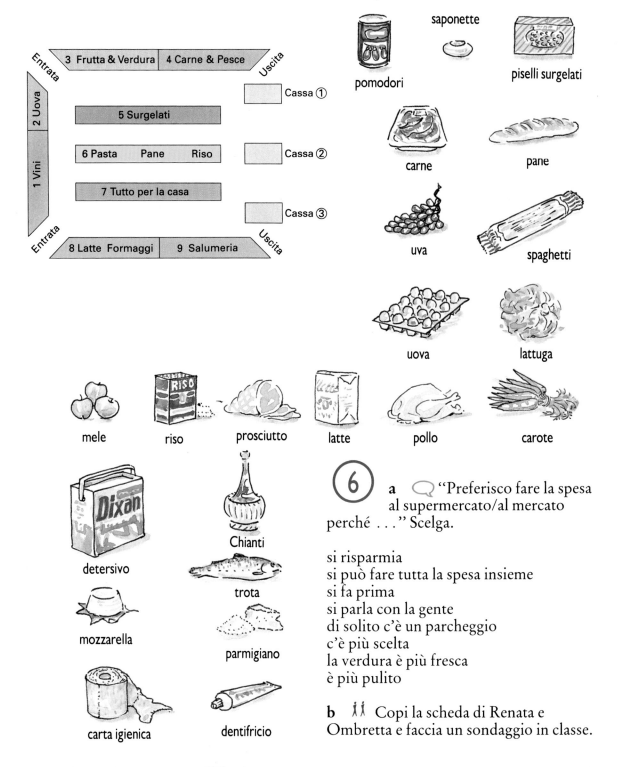

Entrata
3 Frutta & Verdura | 4 Carne & Pesce
Uscita

2 Uova

Cassa ①

5 Surgelati

1 Vini

6 Pasta   Pane   Riso
Cassa ②

7 Tutto per la casa

Cassa ③

Entrata
8 Latte Formaggi | 9 Salumeria
Uscita

pomodori

saponette

piselli surgelati

carne

pane

uva

spaghetti

uova

lattuga

mele

riso

prosciutto

latte

pollo

carote

detersivo

Chianti

trota

mozzarella

parmigiano

carta igienica

dentifricio

6 **a** 💬 "Preferisco fare la spesa al supermercato/al mercato perché . . ." Scelga.

si risparmia
si può fare tutta la spesa insieme
si fa prima
si parla con la gente
di solito c'è un parcheggio
c'è più scelta
la verdura è più fresca
è più pulito

b 👥 Copi la scheda di Renata e Ombretta e faccia un sondaggio in classe.

7 **a** 📖 ✏ *Make an Italian shopping list using the items in* Attività 6.

---

quanto?

un chilo di mele	= 1000 grammi	= *2 lb (approx.)*
mezzo chilo di pane	= 500 grammi	= *1 lb*
un etto di salame	= 100 grammi	= *¼ lb*
un litro di vino		= *2 pt (approx.)*
mezzo litro di latte		= *1 pt*

---

b ✏ 👥 *Practise with a partner.*

A Desidera?
B Per favore, mi dà . . .

una bottiglia

un vasetto

una scatola

una lattina

un pacco

un pacchetto

un cartone

di {

Coca-Cola

tonno

olio

pasta

patatine

marmellata

succo di frutta

8 📼 ✏ Oggi viene Mario a pranzo.

il formaggio	*cheese*
l'insalata mista	*mixed salad*
il basilico	*basil*
il pane integrale	*wholemeal bread*

9 Compri tutte le cose che mancano. Completi le conversazioni.

Dal fruttivendolo

A Buongiorno. Desidera?
B Buongiorno.
Un chilo di pomodori verdi per favore.
A Ecco a lei. Altro?
B Un po' di basilico, grazie. Quant'è?
A 2000 lire in tutto.

Dal fornaio

A . . . . ?
B Vorrei tre sfilatini.
A Altro?
B . . . .

Dal salumiere

A Buongiorno. Dica?
B . . . .
A Provi questo San Daniele: è squisito!
B . . . .

> ### Avete notato?
>
> | | |
> |---|---|
> | Man**ca** il pane | *There is no bread* |
> | Man**cano** i pomodori | *There are no tomatoes* |

> Compriamo **del** prosciutto, **degli** sfilatini, **della** mozzarella, **dell**'acqua minerale
> *Let's buy* **some** . . .
>
> *For other forms, see* Grammatica 1 (pagina 98).

---

a Cosa c'è in casa? Ascolti.
Guardi nel frigo.
Riascolti e finisca la lista:
C'è un melone, c'è . . .

b Cosa manca? Riascolti e faccia la lista della spesa con le quantità.

Esempio: Prosciutto, 300 gr.

Check with the transcript of the cassette.

c *Practise asking for unspecified quantities* (**del**, **delle**, ecc.) *with the items in* 7**b** *or* 5.

> | | |
> |---|---|
> | quanto costa? | *how much is . . . ?* |
> | quanto costano? | *how much are . . . ?* |
> | quant'è (in tutto)? | *how much is it (altogether)?* |

10 **Per casa** Faccia un dialogo per ogni scontrino. *(Make up a dialogue for each receipt.)*

```
                              1 750
2 LATT PERON                  2 540
ORTOFRUTTA                    1 000
PATATINE G.110                1 750
2 LATT PERON                    730
  ACQUA VERA NAT
DOLCI FIOCCHI                 2 310

TOTALE                       11 830
  Contanti                   20 000
RESTO                         8 170
        GRAZIE
      ARRIVEDERCI
  cassa n.03-20108       num.art.007
  12-05-92          15:04           129
      MFBA           6056288
```

```
          G-S-
       SUPERMERCATI
   VIA MORRONI 30 RIETI
     P.IVA 07220790153

  ORTOFRUTTA       2.275
  YOGURT           3.560
  DOO3 ORTOFRUT    1.160
  COCA COLA        1.590
  COLGATE GIG.     2.790
  C.IGIENICAX4     1.390
  4 DURACELL       4.290
  SACCHETTO P.      .170
  TOTALE   17.225

  CON.TI          50.250
  RESTO           33.025

  SFO110
  015CASS.
  0122 12:17  07/08/89    165002
  ^F  NC - 53003556
```

```
  CASINA ROSE SRL
  VIA MARSALA 25
      ROMA

  P.I. 00981101000

                    0145
  22/08/89

  GELATO        1.000
  GELATO        1.000
  GELATO        1.000
  ------------------
  CONTAN        3.000

      3  N.ART.

  0145  A002 17:31
     G R A Z I E
```

11 **a** 🔊 Ascolti e scriva i nomi dei negozi.

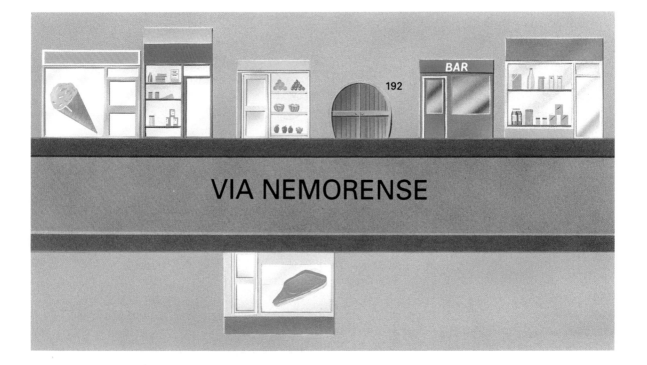

b Riascolti Luisa. Scriva **sì** o **no**.

1 Luisa compra l'acqua minerale dal macellaio.
2 Vicino al fruttivendolo c'è un supermercato.
3 Il fruttivendolo è alla destra del portone.
4 Ci sono due negozi di alimentari nella sua strada.
5 Il macellaio è a sinistra.
6 Il macellaio vende prosciutto, salumi e formaggi.

c Raggruppi le cose che Luisa compra sotto il negozio giusto.

> la frutta   il salame
> i formaggi freschi   la carne
> la pasta   la verdura
> l'acqua minerale   il gelato
> il pane   il prosciutto

d   Continui con un compagno:

A   Mancano i formaggi.
B   Va bene. Vado in salumeria.
A   Manca il pane.
B   . . . .

> **dal** macellaio   *at/to the butcher's*
> **in** salumeria   *at/to the delicatessen*
> **al** mercato   *at/to the market*
>
> *For more examples, see* Grammatica 3 (pagina 98).

12 Povera Marta: in quali negozi deve andare?

È finito il pane

Aspirine!

Non c'è carne

Manca il prosciutto per cena

Mama vuole 12 rose per Elena

13   Facciamo un picnic
Groups of four or more.

- *Decide what you would like to take on a picnic.*
- *Make shopping lists with quantities under headings such as:*

Pane   Ripieno *(Filling)*
Da bere   Frutta/Dolce

- *Decide which shops you need.*
- *Act out shopping dialogues.*

C Come si fa?

 a 🔊 ✎ Ascolti e segni (√)
solo gli ingredienti che sente.

> cipolla *(onion)*   sedano *(celery)*
> carota   prezzemolo *(parsley)*
> aglio *(garlic)*   pancetta *(bacon)*   sale
> vino   pepe   origano   pelati
> parmigiano   basilico   peperoni   lattuga

> Si fa rosolare un po' di cipolla nell'olio. Si aggiungono i pelati, sale, un po' di prezzemolo. Si aggiunge una scatola di tonno e si lascia cuocere per circa 10 minuti.

> Si mette in una pentola l'aglio con un po' d'olio e si fa rosolare per due minuti. Si aggiunge una scatola di pelati, sale e pepe e un po' di basilico. Si cuoce per 10 minuti e si aggiunge alla pasta già cotta.

> Si mettono dei funghi freschi nell'olio con mezza cipolla e aglio. Dopo dieci minuti si aggiungono i pelati, il sale e il pepe. Si cuoce per 15/20 minuti.

b 📖 Una di queste tre ricette è quella di Ombretta. Quale?

> ### Avete notato?
>
> **si** aggiung**e** il sale   *one adds salt*
> **si** aggiung**ono** i pelati   *one adds*
> *tomatoes*

(15) ✎ 💬 Come si cuoce la pasta al dente? Completi con i verbi e dica al compagno come si fa.

aggiunge	fa	scola	buttano
mette	mescola	fa	aggiunge

Si . . . . l'acqua nella pentola.
Si . . . . il sale.
Si . . . . bollire.
Si . . . . gli spaghetti.
Si . . . . bene.
Si . . . . bollire per sette minuti.
Si . . . . con lo scolapasta.
Si . . . . il sugo.
Si serve al dente.

(16) ✎ Metta le parole che mancano nel menù. (Grammatica 2, pagina 98)

Menu

risotto allo zafferano _____
spaghetti ⬤ pomodoro _____
risotto ⬤ gamberi _____
pasta ⬤ tonno _____
tagliatelle ⬤ sugo _____
scaloppine ⬤ marsala _____
pizza ⬤ funghi _____

(17)

IL FORNO A MICROONDE DA 399.000 LIRE.

BRUCIA I TEMPI, ABBATTE I PREZZI.

Alimento	Cottura (in minuti)	Scongela-mento (in minuti)
Cannelloni di magro 600 g	14/16	18/20
Filetti di pesce 500 g	6/7	8/10
Pesce intero 750g/1 kg	10/12	15/17
Roastbeef 500 g	7/11	18/20
Arrosto di maiale 500 g	10/11	18/20
Arrosto di vitello 500 g	13/15	20/22
Coscia di pollo 125 g	5/6	7/8
Spinaci 500 g	5/6	7/8
Budino alla vaniglia 1 kg	10/12	–

📖 👫 Quanto tempo ci vuole per . . . ?

1 scongelare *(defrost)* mezzo chilo di filetto di pesce
2 arrostire un chilo di carne di maiale
3 cuocere un budino alla vaniglia
4 cuocere un chilo e mezzo di roastbeef
5 scongelare mezzo chilo di vitello
6 cuocere un pesce intero di un chilo
7 scongelare mezzo chilo di cannelloni

D A tavola

(18)  ✎ Intervista con Simona Marchini

A

B

C   D

– **Simona, in cucina ci stai volentieri?**
Sì, perché stare in cucina, cucinare, è un modo di dare agli altri. Quindi per me cucinare è un piacere grande.

– **Ami fare la spesa?**
Mi dà tanta gioia, trovo che sia un rituale stupendo. Cioè: fare la spesa avendo tanto tempo, passeggiando con calma tra i banchi del mercato, guardando tutto, inventando magari piatti da cucinare davanti alle belle cose che vedo. Per me fare la spesa in un mercato è un momento di allegria: c'è tanta gente, l'atmosfera è vivace, gioiosa. Mi piace molto.

– **Se inviti a cena una persona per te importante, cosa prepari?**
Io credo che vada bene qualsiasi cosa. Trovo invece molto importante presentare una tavola ben

apparecchiata. Mi piace pensare alla tovaglia, al colore dei piatti, ai fiori, alle candele. Anche se mangio da sola, io apparecchio per me in maniera carina.

– **E quando aspetti una telefonata che non arriva e ti senti nervosa, il cibo ti aiuta?**
Eccome! Mangio pane. Rosette, sfilatini. Io vivrei di pane. Il pane è per me la cosa più buona del mondo. Pane e qualcosa, pane e olio, pane con pane se non ho altro.

c Simona è un'entusiasta. Nell'intervista trovi quattro espressioni di entusiasmo.

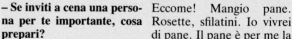
È un piacere grande!

a Legga e metta in ordine le figure.

b Queste affermazioni sono sbagliate. Corregga.

1 Simona detesta stare in cucina.
2 Preferisce fare la spesa al supermercato.
3 Prepara la tavola solo se ha ospiti (*guests*).
4 Per Simona è importante il colore dei fiori.
5 Quando è sola non mangia.
6 Quando è nervosa fuma.
7 Le piace molto il vino.

d ✎ ⅈⅈ Trovi le domande per Attività **b**.
Esempi: 1 Le piace stare in cucina?
2 Lei preferisce . . . ?
Ora intervisti due studenti.

(19) 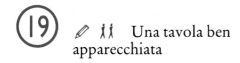 ✎ ♟♟ Una tavola ben apparecchiata

8   **7**   **6**   **5**

Servizio Ecottanta, Decor...

1 il tovagliolo   **2** il cucchiaio   **3**   **4**

a   Guardi la figura e scriva le parole che mancano.

> il piatto   la forchetta
> i fiori   la candela
> il bicchiere   il coltello

b

Studente A: Studi la figura, poi la copra. Dica a Studente B come si apparecchia (*lay*) la tavola per due.

Cominci così:
Si mette la tovaglia (*tablecloth*) sulla tavola.
A destra del piatto si mette/ mettono . . .
Davanti al . . .
Al centro . . .

Studente B: Disegni (*draw*) la tavola apparecchiata.
Poi confronti con la figura.

L'ora dei pasti

a 📼 ✏️ Ascolti e metta le ore:

Pasti	Italia: ora	Inghilterra: ora
colazione pranzo cena		

- A che ora si fa colazione in questa famiglia?
  Generalmente alle 7,30.
- A che ora si pranza?
  Di solito . . .
- E a che ora si cena?
  Verso . . .

b 👥 E in Inghilterra? Lavori con un compagno e completi la scheda.

Grammatica

1 Quantità *(some)*

del pane	**dei** fiori
dello zucchero	**delle** mele
della carne	**degli** sfilatini
dell'acqua	

or

un po' di . . .

2 al, allo, alla, all'

Per esprimere lo stile, l'origine o gli ingrèdienti principali di un piatto:

antipasto **all'**italiana
ragù **alla** bolognese
gelato **al** limone

3 Altre preposizioni

With names of shops: **in** farmacia, pasticceria, libreria, pescheria, salumeria, profumeria
With name of owner: **dal** fornaio, tabaccaio, salumiere, macellaio, giornalaio, lattaio
With type of shop: **al** mercato, supermercato, negozio di alimentari

4 si *(one)*

Si *always takes the 3rd person.*
If the verb has a plural object: 3rd person **plural.**

Singolare	Plurale
Si risparmia. *(You save/One saves.)* Si aggiunge il sale. *(You add salt./* *Salt is added.)*	Si mettono i funghi. *(You put in the* *mushrooms./The* *mushrooms are* *put in.)*

Vocabolario

Il cambio — *Exchange*

il cambio	*exchange (rate)*
il documento	*identification*
il portafoglio	*wallet*
lo sportello	*window/counter*
la sterlina	*pound*
la tabella	*board*
la valuta	*currency*

La spesa — *Shopping*

il negozio	*shop*
la gelateria	*ice cream shop*
il negozio di alimentari	*grocer's (shop)*
la salumeria	*delicatessen*
il fornaio	*baker*
il fruttivendolo	*greengrocer*
il macellaio	*butcher*
il salumiere	*owner of delicatessen*
la verdura	*vegetables*
l'aglio	*garlic*
il basilico	*basil*
la carota	*carrot*
la cipolla	*onion*
il fungo	*mushroom*
la lattuga	*lettuce*
i piselli	*peas*
il pomodoro	*tomato*
la frutta	*fruit*
maturo/a	*ripe*
la mela	*apple*
l'uva	*grape*
il pane	*bread*
il pane integrale	*wholemeal bread*
la rosetta	*round bread roll*
lo sfilatino	*long bread roll*
la carne	*meat*
il formaggio	*cheese*
il maiale	*pork*
la pancetta	*bacon*
i pelati	*peeled tomatoes*
il pesce	*fish*
il pollo	*chicken*

il prosciutto	*ham*
la ricetta	*recipe*
i surgelati	*frozen food*
il vitello	*veal*
il budino	*pudding*
il dolce	*dessert*
il pasto	*meal*

La tavola — *The table*

il bicchiere	*glass*
il cucchiaio	*spoon*
il coltello	*knife*
la forchetta	*fork*
il piatto	*plate*
la tovaglia	*table cloth*

Verbi — *Verbs*

aggiungere	*to add*
arrostire	*to roast*
bollire	*to boil*
buttare	*to put in*
apparecchiare	*to lay the table*
cenare	*to have dinner*
cuocere	*to cook*
fare colazione	*to have breakfast*
mangiare	*to eat*
pranzare	*to have lunch*
rosolare	*to brown*
scongelare	*to defrost*

Espressioni utili — *Useful expressions*

altro?	*anything else?*
c'è più scelta	*there's more choice*
cosa manca?	*what's missing?*
Desidera/Dica?	*Can I help you?*
è più pulito	*it's cleaner*
Quanto costa?	*How much does it cost?*
Quant'è?	*How much is it (altogether)?*
si fa prima	*it's quicker*
si risparmia	*you save*

come, dove, quando (ripasso I)

Ecco in inglese le cose che abbiamo imparato a fare finora in italiano. Per ogni frase in inglese ne trovi una in italiano.

A	Introducing yourself	1	Quella alta, con i capelli rossi, è Roberta.
B	Ordering drinks and snacks	2	D'inverno mi alzo presto.
C	Agreeing and disagreeing	3	Ti scrivo da un posto fantastico.
D	Nationalities	4	Faccio il chimico.
E	Describing homes	5	Per me un caffè. Tu che prendi?
F	Talking about work	6	Lei è d'accordo, vero?
G	Finding the way	7	Ho dodici anni.
H	Asking/Telling the time	8	Le presento la mia amica Gina.
I	Booking hotel rooms	9	Mi chiamo Sandro, e lei?
J	Describing your routine	10	Vorrei prenotare una camera.
K	Enquiring about transport	11	Mi dà un chilo di pane per favore?
L	Dates and birthdays	12	È un palazzo moderno a sei piani.
M	Changing money	13	Di dove sei?
N	Introducing people	14	Vada dritto, poi giri a destra ed è lì.
O	Writing postcards	15	Sa l'ora per favore?
P	Talking about family	16	C'è una fermata qui vicino?
Q	Shopping for food	17	Qual è il cambio oggi?
R	Describing people	18	Si mette olio, aglio e cipolla.
S	Giving recipes	19	Siamo in quattro, mia moglie, due figli e io. E poi c'è il cane.

A   Tu o lei?

① ✏ Buongiorno o Ciao?

> Ciao   Buonanotte
> Buongiorno   Arrivederci
> Buonasera   Piacere!

② 📼 📖 **Tu** o **lei**? Gianna fa due telefonate. Ascolti.

come va?	*how are things?*
come sta?	*how are you? (formal)*

● Pronto? Sono Gianna.
 Come va? Stai meglio oggi?
 Sono contenta. E tuo figlio come va?
 Benissimo. Allora ci vediamo in ufficio
 alle 10.
 A più tardi. Ciao.

● Pronto? Sono Gianna Bonelli.
 Buongiorno. Come sta?
 E la sua vacanza è andata bene?
 Benissimo. Allora la vedo in ufficio
 alle 10.
 A più tardi, arrivederla.

a 💬 Qual è la telefonata all'amica? Quale al direttore della banca?

b ✏ Quali parole ci dicono che Gianna usa il **tu** e quali il **lei**?

c 👥 *With a partner, write out the parts of the second speakers and practise the dialogues.*

③ ✎ **a** Metta queste frasi nella colonna giusta.

b Con le frasi fate due brevi conversazioni.
(*Using the phrases, make up two short dialogues.*)

tu	lei

> Come ti chiami? Desidera? Sei molto gentile.
> Lei che cosa prende? Tu che cosa prendi? Le dispiace se fumo?
> Mi dai il libro? Le piace il jazz? Le presento mio figlio.
> Mi dica come si chiama. Che lavoro fai? Parla francese?
> Parli tedesco? Sa l'ora? Buongiorno, come sta?
> Ti telefono stasera. Va a Milano? Che lavoro fa?
> Ti dispiace se fumo? Le telefono stasera. Di dov'è lei?
> Dove vai? Ciao, come stai? Sai l'ora?

④ 📖 ✎ Diamoci del tu. (*Let's use tu.*)

Colpo di fulmine in discoteca *(Love at first sight at the discotheque)*

1.
— Come ha detto che si chiama?
— Laura, e lei?
— Io Francesco. E di dov'è?
— Di Birmingham.

2.
— Inglese! Ma come parla bene italiano!
— B'è... Studio italiano qui a Perugia, all'università per stranieri. E lei che fa?

3.
— Studio anch'io, economica e commercio.
— E che anno fa? Ma diamoci del tu, no? Che anno fai?

4.

5.

6.

Continui la conversazione per le altre figure.

(5)

Albergo Lungolago
Torno
(Como)   Novara, 21 marzo 1992

Gentile Direttore,
     le scrivo per prenotare una camera
doppia con bagno per due notti dal 13 al 15
luglio prossimo. Mi sa dire se ci sono
camere libere per quel periodo? La
ringrazio e le telefono venerdì per avere
una conferma.

                Cordiali saluti,

                  Ugo Trovatore

Roma, 12 febbraio

Cara Nikki,
    prima di tutto grazie per
la tua lettera. Ti scrivo per darti
una bella notizia. Vengo a Londra
a marzo, per lavoro, naturalmente.
Tu ci sei? E tua sorella? Mi piacerebbe
molto rivederti. Ti telefono prima di
partire. Allora a presto, a Londra!
Un abbraccio.

          Valentina

Trovi quattro differenze di stile
(formale e familiare) tra le due lettere.

una bella notizia	*good news*

B Eccomi qua

(6)   **a** Dica la verità: le piace
l'opera?
le piacciono i motorini?

l'opera	il jazz	il traffico
	il dialetto veneziano	
la chitarra		i bambini
i motorini		le canzoni napoletane

b Continui con un compagno.
    Attenzione agli articoli!

(Non)	mi	piace	il	occhi azzurri
	ti		la	macchine
	le	piacciono	l'	gelato
			le	Italia
			i	tortellini
			gli	aranciata
			Mozart	
			ballare	
			viaggiare in aereo	

Filippo   Max

Daniela   Lorenza

Elena

(7) I ragazzi di Modena

a Ascolti. In che ordine parlano?

b Scriva il nome del ragazzo/della ragazza e il posto dove abita.

> a San Vito   a Formigine
> in un quartiere di periferia
> a 3 km dalla scuola   a Modena

(8) **a** Di chi è questo modulo?

Completi i dettagli che può con l'aiuto dei biglietti e della foto.

NOME	_____
ETÀ	_____
RESIDENZA	Modena
DISTANZA DALLA SCUOLA	_____
MEZZI DI TRASPORTO	_____
TIPO DI ABITAZIONE	_____
FAMIGLIA	3 persone
ANIMALI DOMESTICI	_____
SPORT PRATICATI	_____
INTERESSI	musica
PASSATEMPI	_____

b Riascolti il testo di Attività 7 e trovi il nome. Finisca i dettagli.

c Copi il modulo e lo riempia per sé e per un altro studente.

9 📖 Di chi è questa lettera?

Modena,

Cara Alessandra,

È sabato pomeriggio, niente scuola. Che bellezza! Mi sono alzata alle 11. È una bellissima giornata e ho portato fuori il cane. Forse più tardi vado al centro a fare spese con mia zia. Adesso voglio pulire l'acquario dei pesci e dare da mangiare ai miei uccellini. Poi verso le cinque ci vediamo con gli amici alla polisportiva per una nuotata o un po' di palestra.

Serena ha promesso di portarmi dei bellissimi francobolli inglesi per la mia raccolta.

Un caro abbraccio

Ciao

10 📼 ✏️ Ora riascolti i ragazzi di Modena (Attività 7) e completi per tutti.

| il nuoto | *swimming* |
| la pallavolo | *volleyball* |

Nome	Casa	Zona di residenza	Famiglia	Animali	Passatempi e sport
Max					

11 ✏️ 👥 Completi le domande e intervisti due persone.

chi	che	quanti	quando
dove	quali	come
quanto tempo	che

1 .... sport pratichi?
2 .... è il tuo cantante preferito?
3 .... tipo di musica ti piace?
4 .... cosa ti piace fare la domenica?
5 .... siete in famiglia?
6 .... vai a nuotare?
7 .... si chiama tuo fratello?
8 .... ci vuole in treno?
9 .... abiti?

Dario Fo   Franca Rame

attore *(m)*   attrice *(f)*

 12 ✑ 'Vasco Rossi è il mio cantante preferito.' Continui.

Vasco Rossi

Lucio Dalla

cantante *(m/f)*

Schillaci

sportivo/sportiva

Botticelli

artista *(m/f)*

il mio/la mia
il tuo/la tua

Ora continui con le sue preferenze personali.
Chieda agli altri studenti. Usi il **tu**.

scrittrice *(f)*

scrittore *(m)*

Maschile	Femminile
l'attore	l'attrice
lo scrittore	la scrittrice
l'artista	l'artista

13 Michele dà una festa.

Studente A: (Serena) Risponda all'invito di Michele. Gli dica dove abita. Poi ascolti le indicazioni e segni l'itinerario sulla cartina.

Studente B: (Michele) pagina 228

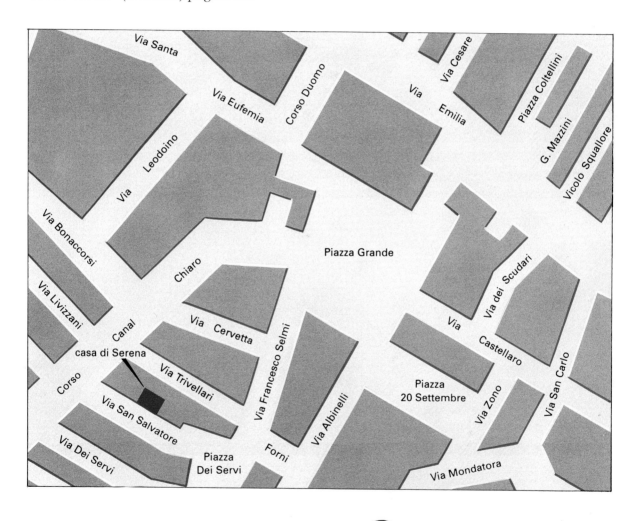

 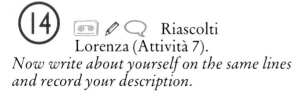 **14** Riascolti Lorenza (Attività 7).
Now write about yourself on the same lines and record your description.

club avventura

NON SEI ANCORA SOCIO? COMPILA IL TAGLIANDO E RICHIEDI LA TESSERA

Entrerai nel Club, conoscerai le grandi imprese, gli appuntamenti da non perdere, i protagonisti del rischio. Non solo: se sei dei «nostri» parteciperai alle estrazioni mensili con tanti premi da vincere. E con la tessera avrai diritto a sconti e facilitazioni speciali.

nome ⌶⌶⌶⌶⌶⌶⌶⌶⌶⌶⌶⌶⌶⌶⌶ cognome ⌶⌶⌶⌶⌶⌶⌶⌶⌶⌶⌶⌶⌶⌶ data di nascita ⌶⌶ ⌶⌶ ⌶⌶
giorno mese anno

via e n. ⌶⌶⌶⌶⌶⌶⌶⌶⌶⌶-⌶⌶⌶⌶⌶⌶⌶⌶ località ⌶⌶⌶⌶⌶⌶⌶⌶⌶⌶⌶⌶⌶⌶⌶⌶⌶⌶

prov. ⌶⌶ cap. ⌶⌶⌶⌶⌶ tel. ⌶⌶⌶⌶ ⌶⌶⌶⌶⌶⌶⌶ taglia ⌶⌶ piede ⌶⌶

Chi sei?
1 ☐ studente scuole superiori
2 ☐ studente universitario
3 ☐ operaio
4 ☐ impiegato
5 ☐ libero professionista
6 ☐ disoccupato
7 ☐ altro

**Come impieghi
il tuo tempo libero?**
1 ☐ musica
2 ☐ lettura
3 ☐ sport
4 ☐ televisione
5 ☐ cinema
6 ☐ fotografia
7 ☐ altro

**Che genere musicale
preferisci?**
1 ☐ rock
2 ☐ jazz
3 ☐ classica
4 ☐ altro

Casa leggi abitualmente?
1 ☐ quotidiano
2 ☐ settimanale di attualità
3 ☐ riviste sportive
4 ☐ altro

Leggi «Per Lui»?
1 ☐ abitualmente
2 ☐ quando capita

Preferisci libri di
1 ☐ narrativa

2 ☐ saggistica
3 ☐ attualità
4 ☐ sport
5 ☐ avventura
6 ☐ gialli, terrore, mistero
7 ☐ fantascienza

Che sport pratichi?
1 ☐ calcio
2 ☐ pallacanestro
3 ☐ nuoto
4 ☐ sci
5 ☐ tennis
6 ☐ alpinismo
7 ☐ palestra
8 ☐ motociclismo
9 ☐ atletica leggera
10 ☐ altro

**Quali dei seguenti
sport-avventura
ti piacerebbe praticare?**
1 ☐ scalate
2 ☐ discese in canoa
o gommone
3 ☐ rally
4 ☐ deltaplano
5 ☐ trekking
6 ☐ altro

Per le tue vacanze scegli
1 ☐ un viaggio organizzato
tradizionale
2 ☐ un viaggio-avventura
ma organizzato
3 ☐ un viaggio
programmato da te

**Quali di queste cose
desidereresti di più?**
1 ☐ una moto
2 ☐ una vacanza all'estero
3 ☐ un impianto stereo
4 ☐ un guardaroba firmato
5 ☐ altro

**In che cosa spendi
il tuo budget mensile?**
1 ☐ libri
2 ☐ dischi
3 ☐ vestiti
4 ☐ viaggi
5 ☐ accessori auto o moto
6 ☐ collezionismo
7 ☐ altro

APRILE

a   Riempia il modulo. Usi il dizionario.

b   Anche tu? *(You too?)*
In gruppi di quattro: scoprite l'anima
gemella. *(Find your soul mate.)*
Usate il **tu**.

C Dove e quando (lavoro, routine, famiglia)

(16)

a Metta i nomi dei lavori al posto giusto.
Esempio: **1** GRAFICO PUBBLICITARIO

b In gruppi di quattro: scegliete
le quattro professioni che vi interessano di
più.

c Ognuno decide:

da quanto tempo fa questo lavoro
se il lavoro gli/le piace
quanto gli/le piace
dove lavora
l'orario.

d Intervistatevi come in Unità 2,
Attività 8.

17 Enrico Monti vuole un aumento di stipendio.
Ecco la sua scheda personale.

SCHEDA PERSONALE
Enrico Monti

1958:	nasce a Reggio Emilia
1972:	comincia a studiare l'inglese
1976–80:	studia informatica all'Università di Bologna
1980:	si laurea in Informatica
1981:	passa sei mesi in Inghilterra per migliorare il suo inglese
1982–86:	insegna elettronica nelle Scuole Tecniche e comincia a scrivere programmi
1986:	sposa una collega, Bice Parenti
1988:	si trasferisce a Firenze
1988:	entra nella Società Manetti (caporeparto)
1990–oggi:	programmatore capo per la Società

la stipendio	*salary*
nascere	*to be born*
l'informatica	*information technology*
laurearsi	*to get a degree*
migliorare	*to improve*
sposare	*to marry*
trasferirsi	*to move*
il caporeparto	*manager*

a

> studio l'italiano **da** tre mesi
> Piero lavora qui **dal** 1980

Studi la scheda di Enrico e scopra:

1 Da quanto tempo si interessa di informatica?
2 Da quanto tempo studia l'inglese?
3 Da quanto tempo scrive programmi per computer?
4 Da quanto tempo vive a Firenze?
5 Da quanto tempo lavora per questa società?
6 Da quanto tempo è caporeparto?
7 Da quanto tempo è sposato?
8 Da quanto tempo è laureato?

b Scriva una nota su Enrico Monti per il direttore.

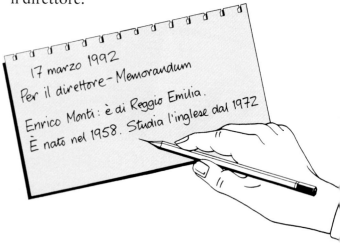

17 marzo 1992
Per il direttore – Memorandum

Enrico Monti: è di Reggio Emilia.
È nato nel 1958. Studia l'inglese dal 1972

c Scriva la sua scheda personale sul modello di quella di Enrico Monti.

d
Studente A: Faccia domande come in **a** a Studente B. Usi il **tu**.
Studente B: Risponda.
Poi scambiatevi i ruoli.

18 a 📖 ✏️ In questa intervista con Antonio, operaio all'Olivetti, c'è qualcosa di strano ... Corregga le parole sottolineate. Usi il dizionario.

Quando faccio il turno del pomeriggio prendo le cose con calma. Mi sveglio alle 7.30 e mia moglie gentilmente mi porta il cane a letto. Alle 8 accompagno in aereo i figli a scuola e mia moglie al lavoro, poi passo allo zoo e se trovo qualche canarino prendo un caffè con loro. Alle 9.30 torno a casa e faccio qualche giochetto, metto in disordine eccetera.

A mezzanotte faccio bollire il vino per la pasta, friggo due aranciate, fumo un caffè, sparecchio e preparo il gattino che devo portarmi al lavoro. Alle 13 vado in aereo in fattoria e arrivo alle 13.45. Inizio la passeggiata alle 14, alle 18 mangio il gattino, nuoto con i compagni di lavoro, e finisco alle 22.

Arrivo al cinema alle 23.15. Bevo un panino, o un dolce se c'è, mangio la tv e qualche volta mi addormento in treno!

b 📼 Giusto? Ascolti e controlli.

19 📖 ✏️

È meglio la seconda volta

I protagonisti di questa storia sono Laura (Musolino) e Luigi (Cacace), di San Giovanni La Punta, in provincia di Catania. Si sono sposati nel 1962, lei studentessa diciottenne, lui di poco maggiore. Dopo dodici anni di matrimonio e due figli, hanno divorziato nel 1974. Qualche giorno fa, diciotto anni dopo, si sono nuovamente sposati. Testimoni d'eccezione i figli: Massimo di 26 anni e Stefania di 23. Laura e Luigi hanno ripreso a vivere insieme con un entusiasmo mai avuto.

sposarsi	*to get married*
il matrimonio	*marriage*
maggiore	*older*
il/la testimone	*witness (to a wedding)*

a Legga l'articolo e completi.

Laura e Luigi sono *marito e moglie*
Nel 1962 si sono ...
Il loro primo matrimonio è durato ...
Hanno avuto ...
Nel 1974 hanno ...
Nel 1992 ...
I testimoni erano ...
Massimo ha ... e Stefania ha ...
Ora vivono insieme con ...

b Trovi nell'articolo l'equivalente di:

i personaggi principali
ragazza che studia
pochi giorni prima di oggi
di diciotto anni
uniti in matrimonio
più grande
ancora una volta

20 ♟♟ Un rompicapo (*riddle*)

Nino, Roberto e Giacomo sono sposati. I nomi delle loro mogli sono (non necessariamente nell'ordine) Rosanna, Ida e Maria.

- Nino non conosce Ida.
- Ida è figlia unica.
- La sorella di Rosanna ha sposato Roberto.

Con un compagno, decida chi è sposato con chi.

D Com'è? Come si fa?

21 📖 Intervista sulla casa con Ingrid Thulin

Signora Thulin, lei ha due case, una a Stoccolma, l'altra vicino a Roma. Le sue <u>abitazioni</u> sono diverse?

Ciò che rende diverse le mie case sono i colori. Nella casa vicino a Stoccolma, ci sono tutti colori più <u>tenui</u>, che assomigliano al cielo svedese, al sole pallido. A Roma invece colori <u>forti</u>, decisi: i rossi, i verdi, i gialli, i bordeaux. Che sono poi le tinte classiche dell'<u>arredamento</u> mediterraneo.

Ma la sua casa a Stoccolma com'è?

Prima di tutto non è proprio a Stoccolma, ma a 15 minuti dalla città. È abbastanza isolata. È uno <u>chalet</u> molto piccolo.

Bello è soprattutto quello che si vede dalle finestre. Il mare, il <u>paesaggio</u> tranquillo. La casa ha pochi <u>locali</u>, separati talvolta da <u>pareti</u> in legno, altre volte da <u>tendoni</u>.

La stanza che ama di più?

La mia camera.

La stanza da letto?

No. La "mia camera" è lo studio, dove leggo, fantastico, organizzo il lavoro, mi concentro. Lì ci sono librerie di legno chiaro, tanti libri, una <u>scrivania</u>. E naturalmente poltrone per sedersi.

E che cosa altro ama nello chalet vicino a Stoccolma?

La <u>piscina</u>. Anche a Roma ho una piscina simile a quella di Stoccolma.

E la casa di Roma com'è?

Non è a Roma prima di tutto. È un <u>casale</u> alle porte della città. Erano due grandi locali sovrapposti. Qui ho fatto costruire il bagno e la piccola cucina. Nelle mie case la cucina è sempre piccola, perché è un luogo dove non vado quasi mai, che non mi interessa ... Ho fatto costruire una scala. E al piano di sopra ci sono soltanto tende, tende <u>dappertutto</u>. Di colori profondi, colori intensi, come dite in Italia. Insomma mi ricordano i <u>tramonti</u>.

Le piacciono le sue case?

Non solo mi piacciono, le amo!

a Cerchi sul dizionario le parole sottolineate nel testo.

b 🖊 Che vuol dire? *(What does it mean?)*

1 È abbastanza isolata.
   A È piena di sole.
   B È su un'isola.
   C È lontana da altre case.

2 Mi concentro.
   A Penso attentamente.
   B Vado in centro.
   C Vado a un concerto.

3 alle porte della città
   A vicino al porto
   B vicino alla città
   C vicino alla stazione

4 (due locali) sovrapposti
   A all'ultimo piano
   B troppo grandi
   C uno sopra all'altro

(22)   **a** 🖊 Confronti la casa svedese di Ingrid con la sua casa italiana.

	la casa svedese	la casa italiana
tipo di casa		
posizione		
stanze		
colori		
cucina		
piscina		

💬 Cosa hanno in comune? In che modo sono diverse?

b 👥 Usi la stessa scheda per la sua casa e confronti con un compagno.

(23)   **a** 👥 La ricetta per la pizza

Studente A: pagina 114
Studente B: pagina 228

Studente A: Stasera lei vuole cucinare la pizza. Chieda a Studente B. Lei vuole sapere:

- la quantità degli ingredienti per fare la pasta.
  Esempio: Quanta farina ci vuole?

- il tempo che ci vuole per impastare, lievitare e cuocere al forno.
  Esempio: Quanto tempo ci vuole per . . . ?

- gli ingredienti da mettere sulla pizza.
  Esempio: Che ingredienti ci vogliono?

la farina	*flour*
il lievito	*yeast*
le acciughe	*anchovies*
impastare	*to knead*
lievitare	*to rise*
spianare	*to flatten*
sottile	*thin*
cuocere	*to cook*

b ◯ Come preferisce la pizza?
Describe your favourite topping.

c ⅃⅃⅃ In gruppo, preparate una descrizione di come si fa il tè o il caffè. Usate il dizionario.

Grammatica

1 *Formal and informal address: summary*

tu	lei
Come sta**i**?	Come sta?
Quando vien**i** a Londra?	Quando vien**e** a Londra?
Ti piace il jazz?	**Le** piace il jazz?
A che ora **ti** alz**i**?	A che ora **si** alza?
Ecco il **tuo** libro.	Ecce il **suo** libro.

2 Presente di **sapere** (verbo irregolare)

sapere *(to know)*

so	sappiamo
sai	sapete
s	sanno

3 **signore, signora, signorina**

signore	*sir*
signor	*Mr*
signora	*madam, Mrs*
signorina	*young lady, Miss*

Buongiorno, Signora Benassi.
Come sta, Signor Neri?
Quando viene a Londra, Signorina Parenti?
(Speaking to people: no article)

but:

La signora Benassi è arrivata adesso.
Ti presento **il** signor Neri.
Ecco **la** signorina Parenti.
(Speaking about people: with article)

4 **Da quanto tempo?**

Domanda:
Da quanto tempo stud**i** l'italiano?
Risposta:
Stud**io** l'italiano **da** quattro mesi.

present tense + **da** + *length of time*

5 Domande

che?	*what?*
che cosa?	*what?*
chi?	*who?*
come?	*how?*
dove?	*where?*
quale?	*which?*
quando?	*when?*
quanto/a?	*how much?*
quanti/e?	*how many?*

sotto l'albero

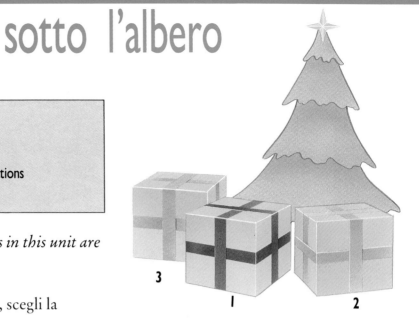

> Choosing and buying presents
> Buying clothes and shoes (sizes)
> What things are made of
> Writing Christmas cards and invitations
> Describing what people are doing

Attenzione: *All instructions in this unit are in the* tu *form.*

Il Quiz di Natale

Per ogni domanda, scegli la risposta 1, 2 o 3.

Domanda 1		*Domanda 5*	
Natale con i tuoi e Pasqua con chi vuoi: è ancora vero?		**Preferisci**	
Sì	1	Ricevere regali	2
No	3	Scegliere regali per altri	1
Forse	2	Ci pensa la segretaria	3
Domanda 2		*Domanda 6*	
Dove preferisci passare il Natale?		**Vuoi modernizzare Jingle Bells: chi scegli?**	
Sulla neve	2	Michael Jackson	3
Lontano, nei Mari del sud	3	Pavarotti	2
A casa senza dubbio	1	Va bene così	1
Domanda 3		*Domanda 7*	
Natale è		**Chi inviti a pranzo?**	
La festa dei bambini	1	Babbo Natale	1
La festa degli adulti	2	Il tuo capo	3
Una festa come le altre	3	La donna/L'uomo dei tuoi sogni	2
Domanda 4		*Domanda 8*	
Il pomeriggio del 25 dicembre		**L'albero di Natale deve essere**	
Rimani a casa con i tuoi	1	Grande, profumato di resina	1
Vai al cinema con amici	2	Di plastica	3
Alitalia volo AZ 1270 posto 59	3		

Natale	*Christmas*
Pasqua	*Easter*
la neve	*snow*
la festa	*festivity*
il regalo	*present*
Babbo Natale	*Father Christmas*

Risultato a pagina 229.

Quale pacchetto hai scelto? Quale pacchetto ha scelto in maggioranza la classe?

A Regali per tutti

giacchetto

scarpe

libro

poltrona

guanti

orecchini

valige

tappeto

cravatte

orologi

occhiali

giacca a vento

telefono

racchetta

profumi

spumante

1 📖 ✏ Guarda la figura. Fai una lista di possibili regali per il tuo amico Ugo e sua moglie Sonia.

Esempio: Per **lui** la cravatta, per **lei** gli orecchini.

per **lui**	*for him*
per **lei**	*for her*

2 📼 ✏ **a** Ascolta e completa con **gli** o **le**.

Vittoria	Vieni a fare spese con me oggi pomeriggio?
Cecilia	Perché? Dove vai?
Vittoria	Vado a comprare un regalo per Paolo.
Cecilia	Che _ _ _ regali?
Vittoria	Forse la Tosca in compact disc. Sai lui adora l'opera. E io _ _ _ voglio bene.
Cecilia	E a Antonia? Che _ _ _ regali?
Vittoria	Degli orecchini un po' pazzi che _ _ _ piaceranno di sicuro.
Cecilia	E a Savina? Che _ _ _ regali?
Vittoria	Be', lei è un'artista: _ _ _ _ _ _ _ _ _ un tappeto colorato.

Avete notato?

gli regalo (a Paolo → a lui → **gli**)
le regalo   (a Antonia → a lei → **le**)

Cerca i regali di Vittoria nella figura. Ci sono tutti?

sai	*you know*
gli voglio bene	*I love him*
pazzo/a	*crazy*

b Continua con Franco (architetto), Elvira (modella), tuo fratello (studente) e altri regali da Attività 1.

c Fai una vera lista per due tuoi amici, lui e lei.

3 👥

È caro/a!

Costa poco!

Studente A: *Choose six items from* Attività 1 *and guess the price in lire.*
Now check with Studente B, *who has the real prices. Comment.*

Studente B: pagina 229

quanto costa/costano?	*how much is it/are they?*
è caro/a	*it's expensive*
costa poco	*it's cheap*

For numbers, see page 67.

④ 📼 ✏️

Profumeria
Dolce Follia
Via Buon Pastore, 223/225
Tel. 059/390103 Modena

B

A

"La Babbuccia"

D

MG FALAI
GIOIELLERIA   OREFICERIA

E

GLORIA BOUTIQUE
abbigliamento donna
MODENA - VIA VIGNOLESE, 302/304   TEL. 059 - 396.353

C

PASTICCERIE *Tosi*
43039 SALSOMAGGIORE
Negozi:
Parco Mazzini, 5
Tel. (0524) **7 41 66**
Viale Matteotti, 7
Tel. (0524) **57 23 26**

G

BOSONI
🎹
LA PIÙ COMPLETA
ESPOSIZIONE DI DISCHI
E STRUMENTI MUSICALI
DI MILANO
CORSO LEONE, 50
TEL. 9853/780362
PIAZZA ITALIA, 2
TEL. **0362/793048**

F

LIBRERIA

H

a   Ascolta. In quale negozio si svolgono queste conversazioni?
Metti i numeri da 1 a 6.

b   Cosa comprano? Riascolta e unisci le due colonne.
Attenzione: qui ci sono due negozi e due oggetti in più *(extra)*. Quali?

profumeria	un orologio
libreria	una torta
pasticceria	un paio di scarpe
pelletteria	un registratore
abbigliamento	un libro
calzature	una borsa
orologeria/gioielleria	un profumo
dischi e radio	un golfino

⑤ Una borsa di pelle

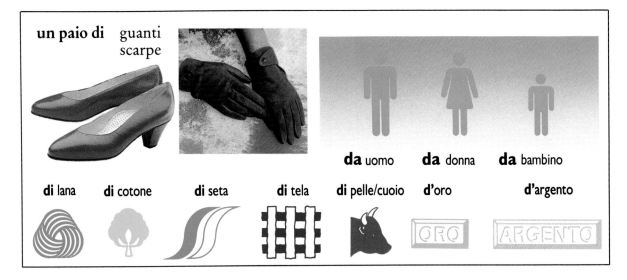

un paio di guanti
scarpe

da uomo   da donna   da bambino

di lana   di cotone   di seta   di tela   di pelle/cuoio   d'oro   d'argento

Trova un esempio per ogni materiale.
Esempio: un paio di scarpe da donna di pelle

B Desidera?

⑥ Cosa comprano?
Ascolta i dialoghi e riempi la scheda.

	I	2	3
l'oggetto			
il negozio			
la taglia/il numero			
il materiale			
il colore			
il prezzo			
lo compra/non lo compra			

Desidera?

Vorrei vedere . . .

nero
viola   arancio
giallo   bianco
verde   rosso

Per comprare:

Desidera?	*Can I help you?*
Vorrei vedere . . .	*I would like to see . . .*
Mi fa vedere . . . ?	*Can you show me . . . ?*
Che taglia?	*What size? (clothes)*
La 42	*Size 42*
Che numero?	*What size? (shoes)*
il (numero) 43	*Size 43 (shoes)*
Posso provare?	*Can I try (it on)?*
Quanto viene?	*How much is it?*
Di che colore?	*What colour?*

(7) ✎ 🔊 Cosa dice il cliente?
Completa. Poi riascolta il dialogo
2 (Attività 6) e controlla.

A Buongiorno. Desidera?
B . . . .
A Ne abbiamo di lana, di cotone, di
seta . . .
B . . . .
A Che taglia?
B . . . . , ...
A Mi dispiace, la 42 in rosso non c'è. C'è
in rosa o marrone.
B . . . .
A 82.500 lire. È un'occasione. Lo prende?
B . . . .

(8) **a** 🔊 ✎ Riascolta il dialogo 3
(Attività 6) e completa la storiella.

Un signore entra in un negozio e chiede
prima un . . . . di scarpe . . . . ,
numero . . . . , poi un paio di sandali
. . . . e infine delle . . . .
sportive di tela . . . . Il commesso
continua a ripetere 'Mi dispiace,
. . . . ne . . . . ', ma il cliente
non vuole capire: 'Ma che negozio è
questo?' grida. 'Questa è una . . . . ,
signore', risponde il commesso, 'non un
. . . . di . . . . !'

il/la cliente	*customer*
il/la commesso/a	*shop assistant*
capire	*to understand*
gridare	*to shout*

b 👥
Studente A: Chiudi il libro e racconta la
prima parte della storia.
Studente B: Finisci la storia.

(9)

Allora, che cosa prende?

Mi piace quella borsa di pelle. La prendo.

Continua con:

ombrello (seta)   portafoglio (cuoio)
poltrona (perspex)   orecchini (oro)
scarpe (tela)   guanti (lana)

For lo, la, li, le, *see page 66.*

---

quel vestito   quei sandali
quell'ombrello   quegli ombrelli
quella borsa   quelle borse

Attenzione: **quel/quello** *etc.* come **bel/bello** *etc.*

---

(10)

DONNE VESTITI	GB	8	10	12	14	16	18
	ITALIA/EUROPA	36		40		44	46
UOMO GOLF	GB	36	38	40	42	44	46
	ITALIA/EUROPA	46	48			54	56
DONNE SCARPE	GB	3	4	5	6	7	8
	ITALIA/EUROPA	36		38		40	41
UOMO SCARPE	GB	7	8	9	10	11	
	ITALIA/EUROPA	40		42		44	

a
Studente A: Chiedi a Studente B le taglie italiane che mancano.
Poi rispondi a Studente B con la corrispondente taglia inglese.
Esempio: Che taglia italiana è la taglia 12 inglese?

Studente B: pagina 230

b Che taglia hai? Che numero di scarpe porti? Trova le tue misure e chiedi a altre due persone. Usa il **tu**.

C Com'è vestito?

Per lei: a sinistra, completo da donna con giacca viola e gonna di pelle nera, scarpe nere; a destra, giaccone e gonna di lana marrone scuro; al centro, vestito a fiori su fondo giallo con maniche e collo scuro, sciarpa rossa legata in testa.

Per lui: a destra, completo da uomo con pantaloni scozzesi a scacchi su fondo rosso, cravatta rossa a pallini e giacca a scacchi bianchi e neri; a sinistra, pantaloni scuri e scarpe sportive, giacca grigio chiaro e camicia marrone, berretto e sciarpa nera di lana leggera.

11 **a** Guarda i colori e leggi le descrizioni.

b Come sono vestiti?
Scrivi il nome dei vari articoli.

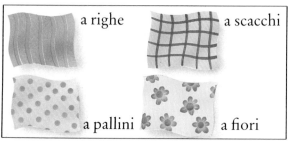

a righe a scacchi
a pallini a fiori

12 Valentina e Armando vanno a passare due settimane a Londra. Ascolta.

a Qual è la lista di Armando?

b Valentina ha messo molte cose in valigia. Aggiungi quello che manca alla sua lista.

magliette	
pantaloni 3	
camicie	
biancheria	
scarpe 5 paia	

maglione	1.
camicie	6.
golf	1.
biancheria	
calze	

la biancheria	*underwear*
la valigia	*suitcase*

(13) ⅈⅈ Come sei elegante! Che bel vestito!

Fai i complimenti a un altro studente per tutto quello che porta oggi.

(14) 📼 ✏ Ascolta la descrizione della foto e scrivi il nome degli amici di Caterina.

1   2   3   4   5   6   7

Gianni

Mirella

Franco

Studente A: Sei a una festa e conosci solo tre persone, Gianni, Franco e Mirella. Informati sugli altri. Esempio: Scusa, come si chiama la ragazza bionda che porta . . . ?

Studente B: pagina 230

(16)

La Rinascente

5 V piano	**BAMBINO** Abbigliamento Giocattoli Tolette Telefoni
4 IV piano	**DONNA GIOVANE** Abbigliamento sportivo Impermeabili Cappotti Maglieria
3 III piano	**DONNA CLASSICA** Collezioni eleganti Moda classica Biancheria Taglie grandi Calzature
2 II piano	**UOMO GIOVANE** Abbigliamento sportivo Maglieria Articoli in pelle Valige
1 Primo piano	**UOMO CLASSICO** Abbigliamento classico Accessori Camicie Biancheria
T Pianterreno	Profumeria Cosmetica Erboristeria Accessori Borse Ombrelli
S Sottosuolo	Tutto per la casa Elettrodomestici Arredamento

Pairs: you have five minutes and a dictionary to find the names of ten things that are sold in a department of your choice at La Rinascente.

Vince la coppia con più nomi.

(17) **a** Studia la tabella della Rinascente per due minuti e coprila. Decidi a che reparto devono andare queste persone.

— Reparto occhiali, secondo piano.

- Francesca vuole comprare una borsa per sua madre.
- Antonio cerca una blusa elegante per sua moglie.
- Marisa e Stefano cercano un regalo per i loro due bambini.
- La signora Mileto ha bisogno di un paio di scarpe per fare passeggiate in campagna.
- Carlo va a sciare e non ha un maglione.
- Sandro deve partire ma non ha valige.
- Titta vuole fare una telefonata.

cercare	*to look for*
avere bisogno di	*to need*

b Con un compagno, fai i dialoghi per le spese di Francesca, Marisa e Stefano, Carlo e Sandro.

(18)

SALDI DI FINE STAGIONE: Migliaia di turisti danno l'assalto ai magazzini Harrods

Londra, 5 gennaio 1991

Migliaia di turisti stranieri, e anche molti italiani, hanno dato l'assalto ieri ai grandi magazzini Harrods di Londra che hanno cominciato prima del solito i loro famosi saldi di dopo Natale. Le occasioni erano così buone che molti compratori hanno aspettato tutta la notte davanti alle porte sperando di entrare per primi. Louis Farah, uno studente libanese, fa la coda da mezzanotte sperando di comprare, per solo 1.400 sterline (circa 3 milioni di lire italiane), un orologio d'oro Rolex che ieri costava 2.900 sterline. A un'altra porta Mark Maker, di 24 anni, fa la coda da giovedì sera sperando di comprare un televisore Sony ridotto da 600 a 25 sterline. Tuttavia Mark è stato battuto da Peter Win, anche lui di 24 anni, che è stato il primo a arrivare al reparto Elettrodomestici. Mark è arrivato 30 secondi più tardi.

Il vocabolario per questa attività si trova a pagina 132.

a 📖 ✎ Gli sconti di Harrods: Riempi la scheda.

Oggetto	Marca	Prezzo originale	Prezzo ridotto	Compratore

b ♟♟

Studente A: Scegli un personaggio (Louis Farah, Mark Maker o Peter Win). Rispondi alle domande di Studente B.

Studente B: Intervista Studente A.
1 Scusi signore, di dov'è lei?
2 Mi può dire quanti anni ha?
3 Da quanto tempo fa la coda?
4 Che cosa spera di comprare?
5 È davvero un'occasione?

Scambiatevi i ruoli.

D Tanti auguri!

a 📖 Quale cartolina va bene per

- i vicini di casa?
- il tuo professore?
- tua sorella e la sua famiglia?
- il compleanno di un amico?

b 🖉 Scrivi una cartolina

- a Roberto e Lia per Natale.
- al dottor Milani per l'anno nuovo.
- a Pippo per il suo compleanno.
- ai signori Castiglione per tutto il periodo natalizio.

	m	*f*
s	buon/buono	buona/buon'
pl	buoni	buone

Attenzione: **buon/buono/buona/ buon'** come **un/uno/una/un'**

c 💬🖉 Augura **Buon** . . .

divertimento	vacanze	riposo
appetito	viaggio	studio
notte	pranzo	lavoro
	ginnastica	

- a Lia che parte per Genova
- a Carlo che si siede a tavola
- a un collega che va a casa a mangiare
- a Teresa che va in ufficio
- a tua madre che va a Capri per un mese
- a Tonino e Sandra che vanno a ballare
- a Gianni che ha molto da studiare
- a Rita che va in palestra *(gym)*
- a Giorgio che va a letto

(20) Vieni anche tu?

Studente A: Telefona agli amici e invita anche loro.
Studenti B, C, D: Voi siete gli amici.

(La prima telefonata è già fatta.)

A: Pronto? Ciao Enrico, sono . . . . . .
B: Ah, ciao . . . . . . Come va?
A: Bene, grazie. Senti, c'è una festa da Mariella. Vieni anche tu?
B: Quando?
A: Il 22 dicembre.
B: A che ora?
A: Alle nove. Allora, vieni anche tu?
B: Sì, certo. Grazie.
A: Mi raccomando, puntualità!

Carla:
pranzo, Paola
domenica ore 13
Portare il gelato!

Lisa e Riccardo:
cocktail, Marisa
ore 18
dopodomani
Vestito elegante!

Enrico:
festa, Mariella
22 dicembre
21.00
Puntualità!

Patrizia Ferri:
cena, Cati e Paolo
domani
20.30
Vestirsi casual!

Mi raccomando, puntualità!
Please do be punctual.

Avete notato?

da Mariella   *at Mariella's*
da me, **da** noi   *at my/our place*

anche tu   *you too (informal)*
anche lei   *(formal)*
anche voi   *(group)*

Verbo irregolare: **venire** *(to come)*
vengo, vieni, viene, veniamo, venite, vengono

21 Che sta facendo?

a 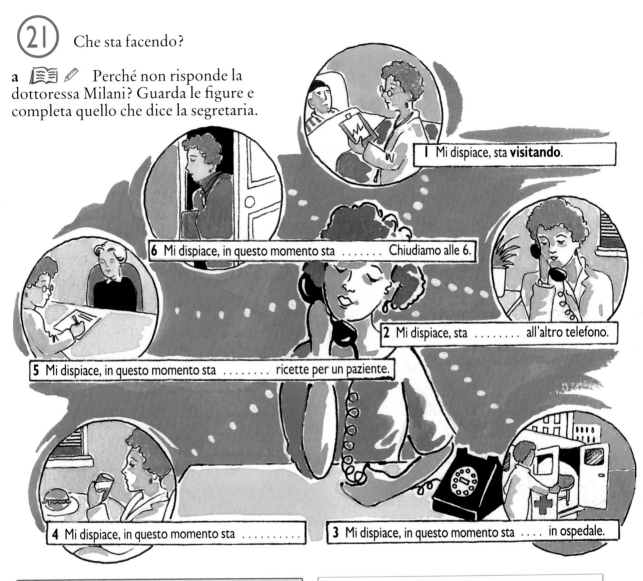 Perché non risponde la dottoressa Milani? Guarda le figure e completa quello che dice la segretaria.

1 Mi dispiace, sta **visitando**.

6 Mi dispiace, in questo momento sta . . . . Chiudiamo alle 6.

2 Mi dispiace, sta . . . . all'altro telefono.

5 Mi dispiace, in questo momento sta . . . . ricette per un paziente.

4 Mi dispiace, in questo momento sta . . . .

3 Mi dispiace, in questo momento sta . . . . in ospedale.

| parlando | visitando | andando |
| uscendo | pranzando | scrivendo |

b Giusto? Ascolta e controlla.

Avete notato?

sto stai	visit**ando**
sta stiamo	usc**endo**
state stanno	scriv**endo**

Il dottore **visita** dalle 9 alle 2. (*always*)
Il dottor Verdi **sta visitando** un paziente. (*at this very moment*)

c 💬 ⅋⅋ E tu? Cosa stai facendo in questo momento?
Descrivi tre azioni.
Chiedi a un compagno.

d ⅋⅋⅋ Ogni studente mima una di queste azioni. Gli altri indovinano.

Esempio: Stai parlando al telefono?

parlare al telefono   lavorare al computer
bere una Coca-Cola   mangiare spaghetti
dormire   lavarsi le mani
giocare a tennis   bere il caffè

㉒ Tradizioni di fine anno

Quattro tuffi da ponte Cavour
L'egiziano vola per primo

Un minuto d'anticipo, centinaia di persone a guardare e una piccola novità nella tradizione: un egiziano al posto di un romano. Alle 11,59 di ieri Ahmed Bisciara, di 40 anni, è stato il primo a tuffarsi nel Tevere dal ponte Cavour per il tradizionale tuffo di Capodanno.

Subito dopo si sono tuffati tre romani. Un minuto dopo mezzogiorno si è tuffato Giuseppe Palmulli, di 35 anni, sposato con cinque figli. Un quarto d'ora più tardi si sono presentati Aldo Corrieri di 35 anni, che si è tuffato subito, e il suo «maestro» Spartaco Bandini, di ben 76 anni, veterano del tuffo. Ed è lui che vediamo nella foto mentre sta volando dal ponte, quattro minuti dopo il concorrente più giovane.

Roma, 2 gennaio 1989

a ✏ Prendi appunti per raccontare la storiella agli amici.

Gara	Data	Località

Nome	Età	Ora esatta del tuffo
1		
2		
3		
4		

il tuffo	*dive*
il ponte	*bridge*
volare	*to fly*
centinaia (f pl) di persone	*hundreds of people*
subito	*immediately*
la gara	*competition*

b 💬 Spiega chi è l'uomo nella foto e che cosa sta facendo.

(23) Tanto per ridere

— Oggi tocca a te aprire, Luigi!

— Papà ha dimenticato dove ha nascosto i regali di Natale: faglielo vedere tu!

Grammatica

1 Pronomi personali: oggetto indiretto

a lui → **gli**   *to him*
a lei → **le**   *to her*
Esempio: Gli/Le compro un regalo. *(I'm buying him/her a present.)*

2 quel/quello

Endings as in bel/bello *(see page 83, no. 4)*

Singolare	Plurale
que**l** tavolo	que**i** ragazzi
quel**l'**albero	que**gli** occhi
quel**lo** studente	que**gli** studenti
quel**la** bicicletta	quel**le** calze

3 da

| *for* | scarpe **da uomo** |
| | pantaloni **da donna** |

| *at/to* | Vieni **da noi** stasera? |
| | Andiamo a cena **da Carla**. |

4 Complimenti

Come sei elegante! (tu)
Come siete bravi! (voi)
Che bel vestito! *(see page 83 no. 4)*

5 Quantità

centinaia *(f pl)* di persone
migliaia *(f pl)* di turisti

6 Richieste

Vorrei vedere . . .
Mi fa vedere . . . ?
Posso provare . . . ?

7 Auguri: **Buon** . . .

Buon Natale e Buon Anno
Buone vacanze e Buone feste

Buon/buono/buona/buon' *(singular) like* un/uno/una/un' *(see page 15 no. 3)*.

8 -ando/-endo

Che stai facendo? *(What are you doing?)*
Sto parlando/scrivendo/uscendo. *(I'm speaking/writing/going out.)*

sto	
stai	parl**ando** (-are)
sta	
	scriv**endo** (-ere)
stiamo	
state	usc**endo** (-ire)
stanno	

presente di **stare** + gerundio

9 Verbo irregolare: **venire**

vengo
vieni
viene
veniamo
venite
vengono

Vocabolario

Feste	Festivities
l'albero di Natale	Christmas tree
gli auguri	wishes
il Babbo Natale	Father Christmas
Buon Natale	Happy Christmas
Capodanno	New Year's Day
Natale *(m)*	Christmas
Pasqua	Easter

Regali	Presents
la borsa	bag
gli orecchini	earrings
l'orologio	watch
il portafoglio	wallet
il registratore	(tape) recorder
la torta	cake
la valigia	suitcase

Materiale	Materials
l'argento	silver
il cotone	cotton
la lana	wool
l'oro	gold
la pelle	leather/skin
la seta	silk
la tela	canvas

Negozi	Shops
l'abbigliamento (negozio di)	clothes shop
le calzature	footwear, shoe shop
dischi e radio	record shop
gli elettrodomestici	electrical appliances shop
la gioielleria	jeweller's
i grandi magazzini	department store
la libreria	bookshop
l'orologeria	watchmaker's
la pasticceria	cake shop
la pelletteria	leather goods shop
la profumeria	perfumery

Nei negozi	In the shops
caro	expensive
il/la cliente	client, customer
il/la commesso/a	assistant
il compratore	buyer
di fine stagione *(adj)*	end of season
la marca	brand name
migliaia *(f pl)* di . . .	thousands of . . .

l'occasione *(f)*	bargain
i saldi	sales
lo sconto	reduction
la svendita	sale

Verbi	Verbs
avere bisogno di	to need
cercare	to look for
comprare	to buy
dare l'assalto a	to attack
fare la coda, mettersi in coda	to queue
portare	to wear
regalare	to give as a present
ricevere	to receive
scegliere	to choose
vendere	to sell

Vestiti	Clothes
la biancheria	underwear
le calze	socks/stockings
i calzini	socks
la camicetta	blouse
la camicia	shirt
la giacca	jacket
il golf, golfino	jumper
la gonna	skirt
il guanto	glove
la maglietta	T shirt, vest
il maglione	sweater
un paio *(f pl* paia) di . . .	a pair of . . .
i pantaloni	trousers
la scarpa	shoe
il vestito	dress/suit
a fiori	floral
a pallini	with polka dots
a righe	striped
a scacchi	checked

Espressioni utili	Useful expressions
Che stai facendo?	What are you doing?
così buono che	so good that
Costa poco	It's cheap
Mi dispiace, ma . . .	I am sorry, but . . .
Mi fa vedere?	Can you show me?
Posso provare?	Can I try?
prima del solito	earlier than usual
Quanto viene/vengono?	How much is it/are they?
Vorrei vedere	I'd like to see

il doponatale

Saying what you have done recently
Giving advice
Choosing a place for a holiday
Talking about people

Carlo

Ho mangiato troppo, ho bevuto troppo, ho speso troppo, però mi sono divertito un sacco.

Serena

Sono andata a sciare, è stato fantastico.

Cosa hai fatto di bello a Natale?

Gianfranco

A Capodanno sono andato a una bellissima festa.

Antonio

Ho passato il Natale in famiglia, con i miei.

Francesca

Di solito resto a Roma, ma quest'anno sono andata a Parigi con amici.

● ✎ Ascolti e segni (√) il verbo al passato.

● ◯ Risponda.
Chi ha ballato molto?
Chi ha fatto una vacanza sportiva?
Chi è andato in Francia?
Chi è stato con sua madre e suo padre?
Chi ha fatto troppo ma si è divertito un sacco?

ballare	*to dance*
sciare	*to ski*
divertirsi	*to enjoy oneself*
un sacco	*a lot*
troppo	*too much*

A Cosa hai fatto di bello?

1   **a** ↟↟↟   Giri per la classe e trovi una persona che ...

- ha passato il Natale con amici.
- è rimasto/a in città.
- è uscito/a tutte le sere.
- ha mangiato panettone.
- è andato/a a sciare.
- ha bevuto troppo champagne.
- ha fatto un viaggio all'estero.
- a Capodanno ha ballato tutta la notte.
- ha baciato qualcuno a mezzanotte.
- ha speso troppo.
- ha dormito pochissimo.

b   Quante persone sono andate a sciare? Quante hanno fatto un viaggio? ecc.

Avete notato?

Asking people what they have done:

Hai/Ha passato il Natale con amici? (tu/lei)
Did you spend Christmas with friends?
Ho passato il Natale con i miei. (io)
I spent Christmas with my family.

Sei/È andato/a a ballare? (tu/lei)
Did you go dancing?
Sì, **sono andato/a** a una bella festa. (io)
Yes, I went to a nice party.

---

2   **a** ✎   Cosa dice Mario? Completi il dialogo.

Armando	Cosa hai fatto di bello a Capodanno?
Mario	Sono ....
Armando	Ah. Ti piacciono le feste! Pensa, io non so ballare!
Mario	E allora, cosa hai ....
Armando	Be', io ho invitato amici a cena.
Mario	Quante .... hai ....
Armando	Una diecina di persone.
Mario	Hai .... tu?
Armando	No, non ho cucinato tutto io. Mi ha aiutato un amico che è bravissimo.
Mario	E a che ora............... ?
Armando	Sono andato a dormire alle cinque di mattina!

---

una diecina di ...   *about ten ...*

b 📼   Giusto? Ascolti, controlli e rilegga.

che?
che cosa? } *what?*
cosa?

c 📖 💬   Chiuda il libro e faccia il dialogo con un compagno.

Avete notato?

(io)	ho invitato	sono andato/a
(tu)	hai invitato	sei andato/a
(lui/lei)	ha invitato	è andato/a

B Un viaggio a Londra

(3) 📼 ✏️ Bibi racconta. Ascolti e riordini le vignette di sabato, domenica e lunedì.

la cognata	sister-in-law	l'aragosta	lobster
insieme	together	le barche a vela	sailing boats
chiacchierare	to chat	la porcellana	china
le notizie	news		

In che città sono andati Bibi e Franco?
Quanti giorni sono rimasti?
Quale grande mostra hanno visitato?
In quale grande negozio sono andati?
Quale famoso mercato hanno visto?

Avete notato?

(noi)	abbiamo visitato	siamo andati/e
(voi)	avete visitato	siete andati/e
(loro)	hanno visitato	sono andati/e

Studente A: Franco
Studente B: Bibi
Franco non ricorda bene. Bibi corregge.

Esempio: **Franco:** Siamo arrivati sabato mattina.
Bibi: Ma no: siamo arrivati sabato pomeriggio.

Franco: A Heathrow abbiamo preso l'autobus.
La sera di sabato siamo rimasti a casa.
Domenica mattina ci siamo alzati a mezzogiorno.
Domenica sera abbiamo mangiato in un ristorante.
Lunedì mattina siamo andati al Salone della Nautica.
Lunedì sera abbiamo cenato a Wimbledon da amici.

---

6 ✎ 📼 Completi i primi tre giorni (**a**, **b**, e **c**). Poi controlli con la cassetta.

a Sabato
Siamo o **abbiamo**?

. . . . arrivati sabato alle tre del pomeriggio, ... preso la metropolitana, e . . . . venuti a casa di mia cognata: . . . . stati il pomeriggio insieme a chiacchierare, a parlare, a scambiarci tutte le notizie. La sera . . . . andati in un ristorante italiano che si chiama Fellini, perché è un nostro amico che ha questo ristorante e ci ha invitato, e . . . . mangiato gli spaghetti all'aragosta, i crostini col tartufo e poi . . . . bevuto champagne. . . . . passato una bella serata e poi . . . . venuti a casa.

b Domenica

andati	ritornati	alzati
andati	*stati	*fatto
*visto	(*verbi irregolari)	

Domenica mattina ci siamo . . . . abbastanza presto, e siamo . . . . a vedere il Salone della Nautica e abbiamo . . . . bellissime barche a vela, e siamo . . . . lì tutto il giorno. Poi siamo . . . . a casa e abbiamo . . . . una bella cena italo-inglese. E poi siamo . . . . a dormire tardi, dopo aver molto chiacchierato.

c Lunedì

Poi lunedì mattina . . . .
. . . . la metropolitana e
. . . . a Piccadilly
Circus, e da lì . . . .
un po' di strade eleganti, negozi di
guanti, vestiti, porcellane, cose inglesi. E
poi . . . . a Wimbledon
da certi nostri amici e poi . . . .
. . . . a casa, ... , ... ,
e . . . . a letto tardi.

(7) E martedì?

a  Guardi i disegni a pagina 135 e scriva
quello che hanno fatto martedì.

b 📼 Giusto? Controlli con la cassetta.

(8) ✏ **Per casa.** È domenica.
Bibi manda una cartolina a casa.
La scriva.

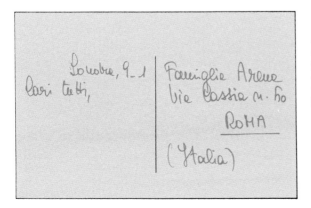

(9) 🖉

a Prima . . . poi

Esempio: Prima sono andati a casa della
cognata, poi sono andati a un
ristorante.

Continui:
1 salone nautica/casa
2 Piccadilly Circus/Wimbledon
3 Harrods/Portobello
4 chiacchierato/a letto

b Prima di . . .

Esempio: Prima di andare a Wimbledon
sono andati a Piccadilly.

Continui:
1 letto/chiacchierato
2 Portobello/Harrods
3 Heathrow/. . .

(10) 👥 💬 Ora a lei: La sua
giornata a rovescio

Prima di venire a scuola, ho fatto una
telefonata.
Prima di fare una telefonata, ...
spesa.
Prima di fare la spesa . . . .

Continui.

C La settimana bianca

 a 💬 📼 Ascolti e metta il numero del simbolo vicino alle attrezzature. (Vocabolario a pagina 146.)

b ✏ Corregga. *(Rewrite the key for the ski-runs.)*

 pista molto facile   per sciatori esperti

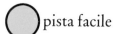 pista facile   per sciatori bravissimi

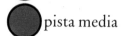 pista media   per principianti

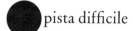 pista difficile   per sciatori intermedi

la val di fassa

La val di Fassa dispone di:
- impianti di risalita: 51 sciovie, 29 seggiovie, 2 funivie, 9 cabinovie
- 150 km di piste da sci
- 50 km di piste da fondo
- piste di pattinaggio
- scuole di sci
- noleggio sci
- piscine coperte
- discoteche
- bar, ristoranti

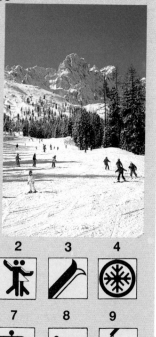

  Ascolti e legga.

Paolo	Sai sciare?
Fabio	Sì, abbastanza bene.
Paolo	Quando hai imparato?
Fabio	Cinque anni fa.
Paolo	Dove hai imparato?
Fabio	A Cervinia.
Paolo	Come hai fatto?
Fabio	Ho preso lezioni da un bravo maestro di sci.

sai sciare?	*can you ski?*
cinque anni fa	*five years ago*
come hai fatto?	*how did you do it?*

Avete notato?

(io)	**so** sciare
(tu)	**sai** suonare il piano?
(lui/lei)	**sa** nuotare?

 Sai ...?

a 🖉 Unisca l'attività con la figura.

nuotare	pattinare	cucinare
giocare a carte		guidare
parlare tedesco		usare il computer
	suonare il piano	

b 👥 Scelga tre cose che sa fare e tre cose che non sa fare.
Con un altro studente, fate i dialoghi sul modello di Attività 12.

14 Lei lavora all'Agenzia Tuttaneve. Aiuti Sandra e Luigi, Piera e Giacomo a trovare il posto in montagna che fa per loro.

a 📼 🖉 Ascolti e riempia il modulo per ogni gruppo.

Numero di persone	
Adulti/Bambini	
Pensione completa/Mezza pensione	
Principiante/medio/esperto	
Lezioni/Guida	
Attività preferite del doposci	
Località	

b  Studi l'opuscolo e scelga la località giusta per tutti. La metta sulla scheda.

SETTIMANE BIANCHE

UN' ESPERIENZA DA NON DIMENTICARE

Parlano gli ospiti: una settimana densa di attività sportive ma nel silenzio e nella pace dei duemila metri!

All'**Albergo del Touring** sull'Alpe di Siusi troverete: bar, sala TV, ping-pong, sauna, solarium, deposito sci e scarponi, servizio medico permanente.

Settimane bianche:
19 febbraio–19 marzo
7 giorni: L.550.000
(Formula A: L.730.000)

19 marzo–27 marzo
8 giorni: L.580.000
(Formula A: L.780.000)

Tutte le quote comprendono: mezza pensione con vino ai pasti, conferenze e film, impianti di risalita e parcheggio.

Le quote della Formula A comprendono inoltre: corsi di 6 ore al giorno di sci-alpinismo o fuoripista con guide alpine e uso di equipaggiamento speciale.

APPUNTAMENTO CON LA GIOVINEZZA

Dal 2 al 9 aprile: 7 giorni di sci, relax e aria pura per convincervi che sulla neve il tempo può fermarsi!

Hotel Tremoggia:
un albergo a tre stelle dotato di tutti i comfort, con palestra, sauna e idromassaggio per il vostro relax durante le ore di doposci. Cucina tradizionale della valle.

La giornata tipo:

7,30	Sveglia
8	Colazione
8,30	Salita in funivia
9	Inizio lezioni
11	In pista e fuoripista con i maestri
12,30	Pranzo al Rifugio Alpe
14	Esercizi sulla neve
16	Riposo e relax
17,30	Attività sportive (tennis, nuoto)
20	cena
21,15	film, serate musicali, gita notturna in slitta

Quota di partecipazione:
solo 890.000 lire incluso lo ski-pass e le lezioni!

OFFERTA SPECIALE A MADONNA DI CAMPIGLIO

Dall'11 al 21 dicembre tariffa promozionale: 7 giorni pensione completa SOLO 490.000 lire COMPRESI alcuni impianti di risalita.

Suggestivo **chalet alpino** con cucina caratteristica, a tre km da tutte le amenità di Madonna di Campiglio:

90 km di piste, funivia, piscina coperta pubblica, campi di pattinaggio e stadio del ghiaccio, scuole di sci, discoteche, pizzerie, campi da tennis, guardia medica, negozi, e tanto altro!

Bambini sotto i 12 anni: sconto del 20%.

(15)

Studente A: Lei va a sciare. Faccia una lista delle sue esigenze *(requirements)*. Contatti l'Agenzia Tuttaneve.

Studente B: Consulti l'opuscolo e dica a Studente A dove può andare.

(16) ✎ Sul modello dell'Hotel Tremoggia, scriva la giornata tipo per Madonna di Campiglio.

(17) **a** ⅄⅄ Raccontatevi le esperienze del primo giorno sulla neve. Usate questi verbi:

mi sono   alzato/a
             vestito/a
             preparato/a
             divertito/a
             stancato/a
             riposato/a

Verbi riflessivi al passato:

mi alzo →
mi sono alzato/a   *I got up*
mi vesto →
mi sono vestito/a   *I got dressed*

Al passato prossimo i verbi riflessivi prendono sempre essere.

---

b ✎ Scriva una cartolina a un amico rimasto a Torino, dalla località che ha scelto.

Dolomiti – Passo Gardena
verso il Gruppo Sella m. 2946

FOTO GIULIA – 32043 Cortina d'Ampezzo

Giorgio Merlo,

Via Caroli 4,

20125 Torino

Riproduzione vietata

18   🖉 Ha 900.000 lire da spendere e non ha attrezzatura da sci.

a   Faccia una lista in ordine di importanza. Metta i prezzi.

b   Completi la sua lista con le parole appropriate.

di lana	leggero/a	solare
a vento	pesante	caldo/a
termico/a	di cotone	elegante
sportivo/a	da sole	

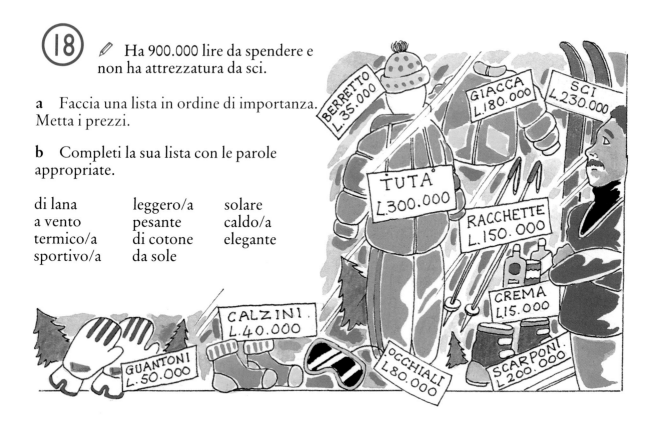

D   Personaggi

ENZO
FERRARI

19   **a**   📖 🖉 Legga e faccia la scheda personale di Ferrari.

la guerra	*war*
la gara	*race*
il pilota	*driver*
il Reparto Corse	*races department*
la fabbrica	*factory*
l'automobilismo	*car racing*
è morto	*he died*

È nato a Modena nel 1898. Ha partecipato alla prima guerra mondiale. Nel 1928 è entrato all'Alfa Romeo e ci è rimasto fino al 1939. In seguito ha partecipato a diverse gare automobilistiche come pilota e nel 1938 è diventato direttore del Reparto Corse. Nel 1940 la prima Ferrari rossa ha partecipato a una gara. Ferrari ha aperto la sua famosa fabbrica a Maranello, vicino Modena nel 1946, dopo la guerra. Da allora la Ferrari ha vinto moltissime gare internazionali. Enzo Ferrari ha scritto diversi libri sulla sua vita e sull'automobilismo. Nel suo lavoro era molto appassionato e deciso. È morto nel 1988 a ben 90 anni.

SCHEDA PERSONALE

Nome e cognome . . . .
Data e luogo di nascita . . . .
Morto nel . . . .
Carriera all'Alfa Romeo: dal . . . . al . . . .
Prima gara della Ferrari: nel . . . .
Fabbrica di Maranello: aperta nel . . . .
Altre attività . . . .
Personalità . . . .

---

b

Studente A: Faccia quattro domande a Ferrari.
Studente B: Lei è Ferrari. Risponda.

Avete notato?

nel 1898	in 1898
fino al 1939	until 1939
dal . . . al . . .	from . . . to . . .

(20)

Studente A: Chi è e che cosa ha fatto questa persona? Chieda a Studente B.
Studente B: pagina 231

21 ♟♟ 📖 **Quiz**

1 Chi ha scoperto l'America?
2 Chi ha inventato il telescopio?
3 Chi ha scritto La Divina Commedia?
4 Chi ha dipinto la Gioconda?
5 Chi ha scoperto il voltaggio?
6 Chi ha composto l'Aida?
7 Chi ha affrescato la Cappella Sistina?
8 Chi ha diretto La Dolce Vita?

A Federico Fellini
B Alessandro Volta
C Dante Alighieri
D Giuseppe Verdi
E Cristoforo Colombo
F Galileo Galilei
G Michelangelo
H Leonardo

22 Quanto tempo fa?
a ✎ Completi le frasi con queste espressioni.

> circa trent'anni fa
> più di trent'anni fa
> cinque secoli fa
> quasi cinquant'anni fa
> pochi anni fa
> circa duecento anni fa
> quasi cinque secoli fa
> più di un secolo fa

fa	*ago*
circa	*about*

Esempio:
1 Colombo ha scoperto l'America **cinque secoli fa**.

2 . . . . ha diretto La Dolce Vita . . . . .
3 . . . . ha affrescato la Cappella Sistina . . . .
4 Volta ha scoperto l'elettricità . . . .
5 L'Italia è stata unificata . . . .
6 La seconda guerra mondiale è finita . . . .
7 Il Mercato Comune è stato fondato . . . .
8 L'Italia ha vinto la Coppa del Mondo . . . .

b ♟♟
Studente A: Ora legga le frasi.
Studente B: Pagina 231.

c 💬 E lei, che cosa ha fatto cinque anni fa?
Dieci anni fa? . . .

Grammatica

1 Il passato prossimo

In Italian you need two words to say what you have done in the past. One is the auxiliary verb, e.g. sono/ho, *the other is the past participle, e.g.* andato/ballato.

sono andato a una bella festa   (*I **went** to a lovely party*)
ho ballato tutta la notte   (*I **danced** all night*)

ho
hai
ha
abbiamo
avete
hanno
} mangiato
bevuto
dormito

sono
sei
è
siamo
siete
sono
} andato/a
venuto/a
} usciti/e

Most verbs have regular past participles ending in -ato, -uto *or* -ito.

e.g. mangi**are** → mangi**ato**   vol**ere** → vol**uto**   dorm**ire** → dorm**ito**
ball**are** → ball**ato**   pot**ere** → pot**uto**   sent**ire** → sent**ito**
sci**are** → sci**ato**   vend**ere** → vend**uto**   fin**ire** → fin**ito**

Some irregular participles:
fatto *from* fare *(to do/make)*   bevuto *from* bere *(to drink)*
detto *from* dire *(to say)*   stato *from* essere *(to be)*
preso *from* prendere *(to take)*   rimasto *from* rimanere *(to stay)*
speso *from* spendere *(to spend)*   scritto *from* scrivere *(to write)*
scoperto *from* scoprire *(to discover)*   vinto *from* vincere *(to win)*
composto *from* comporre *(to compose)*   dipinto *from* dipingere *(to paint)*

Verbs of motion and change (e.g. andare/venire/uscire*) and all reflexive verbs use* essere *as their auxiliary.*
Sono partito il 2 gennaio.   (*I left on January 2nd.*)
Mi sono divertito molto.   (*I enjoyed myself a lot.*)

Remember: with essere, *past participle endings and subject must agree.*
e.g. Mirella: Sono part**ita** il 2 gennaio.
          Mi sono divert**ita** molto.

2 sai . . .? *(can you/do you know how to . . .?)*

(io)   **so**   cucinare
(tu)   **sai**   suonare la chitarra?
(lui/lei)   **sa**   guidare

To indicate a skill, use **sapere** + *infinitive.*

Vocabolario

Verbi	Verbs
baciare	to kiss
ballare	to dance
chiacchierare	to chat
nuotare	to swim
sciare	to ski

A Londra	In London
la barca a vela	sailing boat
la cognata	sister-in-law
la mostra	exhibition
le notizie	news
la porcellana	china
l'aragosta	lobster
i crostini col tartufo	canapés with truffle
a rovescio	backwards
insieme	together

La settimana bianca	A week's skiing holiday
l'agenzia	agency
l'aria	air
le attrezzature	facilities
la cabinovia	gondola lift
il doposci	après-ski
le esigenze	requirements
la funivia	cable car
la giornata	day
la gita	excursion
gli idromassaggi	hydromassage
gli impianti di risalita	ski lifts
di lusso (adj)	luxury
il noleggio	hire
il pattinaggio	skating
la piscina	swimming pool
la pista (da sci)	ski run
la pista da fondo	cross-country ski-run
il principiante	beginner
la quota	fee
le racchette	ski sticks

la salita	ascent
lo sci	skiing/ski
la sciovia	drag lift
la seggiovia	chair lift
la slitta	sledge
i soldi	money
la sveglia	wake-up call
il beretto	hat/beret
i calzini	socks
la crema solare	sun cream
i guantoni	large gloves
gli occhiali	glasses/goggles
gli scarponi	ski boots
la tuta	ski suit

Aggettivi	Adjectives
appassionato/a	keen
bravo/a	good, clever
elegante	smart
esperto/a	experienced
intermedio/a	intermediate
leggero/a	light
notturno/a	nocturnal, night
pesante	heavy
termico/a	thermal

Espressioni utili	Useful expressions
all'estero	abroad
Come hai fatto?	How did you do it?
Cosa hai fatto di bello?	Did you do anything nice?
il posto che fa per loro	the right place for them
la giornata tipo	the typical day
Non scio da molti anni.	I haven't skied for a long time.
sono appassionato di	I'm keen on . . ./I love . . .

che facciamo di bello?

Talking about films and TV programmes
Buying tickets for the theatre
Choosing a restaurant
Ordering food in a restaurant
Making suggestions
Accepting and refusing invitations

- 📼 ✎ Ascolti e scriva le ore che mancano.
  Controlli gli orari con un compagno.
- 👥 Fate la conversazione:
  Ci sono programmi per bambini la sera?
  Quanto dura (lasts) il telegiornale?
  Su che argomento (topic) è il programma di attualità?

MARTEDÌ 29 AGOSTO

16,15 Quiz. **Forza ragazzi!**

Film giallo. **Marnie** di Hitchcock

18,15 **Trent'anni della nostra storia**

Telefilm. **Santa Barbara**. Episodio 102

19,30 **Notizie sportive**

Che tempo fa? Le previsioni del tempo

Telegiornale

20,30 **Quark Speciale.** Documentario sulla natura

Cartoni animati. **Il Signore degli Anelli**

22,30 **Telegiornale**

Varietà. **«Canzoni Canzoni»**

Attualità. **Droga: Che fare?**

Telegiornale Notte

Il tempo domani. Previsioni

COSTUME
18,15
TRENT'ANNI DELLA NOSTRA STORIA

Paolo Frajese continua a ripercorrere gli anni più importanti del dopo-guerra. Siamo nel 1965.

NATURA
20,30
QUARK SPECIALE

Il documentario ci mostra da vicino le due specie di elefanti, quello africano e quello indiano, analiz-zando i gravi pericoli che, specie in Africa, minacciano la sopravvi-venza dell'animale.

DROGA: CHE FARE
ATTUALITÀ 23,30
Stasera «La droga e il lavoro».

FILM
21,20
IL SIGNORE DEGLI ANELLI

Dalla trilogia fantastica dello scrittore inglese **John Ronald Tolkien**, un film di cartoni animati.

A Guardiamo la televisione

1  Unisca il programma e la descrizione.

A

1 Va in onda la telecronaca diretta dell'incontro amichevole di calcio tra le nazionali della Svizzera e dell'Italia.

B

C

D

E

F

4 Rubrica. Sei milioni di italiani soffrono di malattie reumatiche. Ne parla il prof. Ugo Carcassi.

5 Il tema della puntata riguarda i progressi della medicina per conservare il corpo e la mente in buona forma. Presenta il programma Rosanna Lambertucci (nella foto).

6 Appuntamento con il quiz presentato da Mike Bongiorno, affiancato dalla valletta Paola Barale.

2 Faber (nella foto) indaga la sparizione di una forte somma e l'uccisione di un collega.

3 Claudio Lippi (nella foto) conduce l'incontro tra le squadre di: Fleurus (Belgio), Nizza (Francia), Monte Argentario (Italia), Alto Minho (Portogallo).

(2) Un sondaggio sulle abitudini dei telespettatori

a Legga e trovi le domande.

Intervistatrice	. . . . ?
Luciano	Ma direi di sì. Guardo sempre il telegiornale delle otto, poi le previsioni del tempo e un film, se c'è.
Marisa	In questo momento sono molto occupata e non ho il tempo di guardare la televisione. Però qualche volta guardo una commedia o un telefilm, soprattutto per rilasciarmi.
Intervistatrice	. . . . ?
Giuseppe	Ieri sera ho visto il telegiornale e un documentario. Poi ho visto la partita Juve-Fiorentina.
Barbara	Ho visto i cartoni animati e un film di cowboy.
Intervistatrice	. . . . ?
Giuseppe	Preferisco i programmi di sport.
Intervistatrice	. . . . ?
Luciano	Ma, credo due o tre ore al giorno. Al weekend di più. Dipende dai programmi.

b Ascolti e controlli.

il telespettatore	*viewer*
il telegiornale	*TV news*
occupato/a	*busy*
rilasciarsi	*to relax*

c Corregga.

- Luciano guarda sempre i cartoni animati.
- Tutti guardano le previsioni del tempo.
- Marisa guarda i film di cowboy o un telefilm.
- Giuseppe ha visto un documentario e un film.
- Barbara ha visto un film di cowboy e il telegiornale.

d Faccia un piccolo sondaggio in classe usando le stesse domande.

B Che danno al cinema?
(What's on at the cinema?)

③ **Studente A:** questa pagina
Studente B: pagina 232

Giudizio	Film	Regista	Genere
	La Dolce Vita		
	La Sposa di Frankenstein	Whale	
	L'ultimo Imperatore		
	Le Avventure di Sherlock Holmes	Werker	
	Camera con Vista		
	007 Dalla Russia con Amore	Young	
	Per un Pugno di Dollari		
	Il Padrino		
	Un Pesce chiamato Wanda	Crichton	
	Indiana Jones e l'Ultima Crociata	Spielberg	

a ▦ ⅄ **Studente A:** Per alcuni film manca il nome del regista (*director*). Chieda: 'Chi è il regista di . . . ?'

b ✎ **Studente A:** Chieda che genere di film è e lo metta nella scheda.

d'avventura	comico
di spionaggio	romantico
di cowboy	poliziesco/giallo
thriller	dell'orrore
storico	drammatico

c ⅄ ✎ Secondo lei, com'è il film? Metta il simbolo nella scheda.

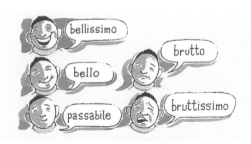

bellissimo
brutto
bello
passabile
bruttissimo

Il suo compagno è d'accordo?

(4) a ✎ Da Attività 3 scelga il film che fa per lei. *(Choose the film from* Attività 3 *that is right for you.)*

- Le piacciono i film drammatici e le storie d'amore.
- Lei ama i film di spionaggio.
- Odia i film dell'orrore e i film gialli.
- Le piacciono solo i film italiani.
- Le interessano solo i film di avventura.
- Le piacciono solo i film comici.

b Che film piacciono ai suoi compagni?

(5)

Il mio film preferito è 'Il Terzo Uomo'. È un vecchio film inglese diretto da Carol Reed. È un film in bianco e nero. L'attore principale è Orson Welles e l'attrice principale è Alida Valli. È un film giallo ambientato a Vienna, durante l'ultima guerra mondiale. È preso da un libro di Graham Greene.

ambientato/a	set
durante	during
la guerra mondiale	world war
l'attore *(m)*	actor
l'attrice *(f)*	actress

a 📼 📖 ✎ Ascolti e legga. Completi le domande.

- . . . è il titolo?
- . . . è il regista?
- . . . è l'attore principale?
- . . . è l'attrice principale?
- . . . è ambientato?
- . . . genere di film è?
- È . . . bianco e nero o . . . colori?

b 👥 ✎
Studente A: Faccia le domande.
Studente B: Risponda.

Copi la scheda e completi.

SCHEDA

Titolo: . . . .
Regista: . . . .
Attore: . . . .
Attrice: . . . .
Ambientato: . . . .
Genere: . . . .
Colore: . . . .

Studente A: questa pagina
Studente B: pagina 232

a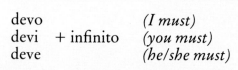

Studente A: Studente B è stato al cinema e
ha visto 'Camera con Vista'.
Faccia le domande sul film e
completi la scheda, come in
5b.

Scambiatevi i ruoli per il film 'Via col
Vento'.

Via col vento (1939) di Victor Fleming.
Con Clark Gable e Vivien Leigh.

b

Studente A: Descriva il film 'Camera con
Vista' come in Attività 5.

c Parli con un compagno del suo
film preferito o dell'ultimo film che ha
visto.

---

⑦ **a**

> Che fai stasera?
> Ti va di andare al cinema?

> Sì, volentieri. Ottima idea!

ti va di ...?	*do you feel like ...?*
che fai ...?	*what are you doing ...?*
volentieri	*with pleasure*

Studente A: Inviti un compagno.
Studente B: Accetti l'invito.

andare **in**	piscina
	discoteca
	pizzeria
andare **a**	mangiare
	pattinare
	giocare a tennis

b

> Ti va di andare a mangiare una pizza?

> Mi dispiace, non posso perché devo uscire.

devo		*(I must)*
devi	+ infinito	*(you must)*
deve		*(he/she must)*

Studente A: Inviti un compagno.
Studente B: Rifiuti, perché . . .

(**8**) **A teatro**

a   Al botteghino

A Vorrei due biglietti per favore.
B Platea o galleria?
A Platea.
B Ci sono due posti in seconda fila.
A Va bene. Quanto costa un biglietto?
B 40.000 lire.
A Allora due biglietti. Ecco 80.000 lire.

il botteghino	*box office*
la platea	*stalls*
la galleria	*circle*
il posto	*seat*
la fila	*row*

b ⅄⅄
Studente A: Lei va a teatro con un gruppo di amici. Chieda questi biglietti. Chieda il prezzo.
Studente B: Lei lavora al botteghino (pagina 233).

Scambiatevi i ruoli.

1

3 biglietti
galleria
solo 1ª fila

2

3 biglietti
platea
tutti insieme

3

2 biglietti
platea insieme
solo 1ª e 2ª fila

4

4 biglietti
galleria
anche separati

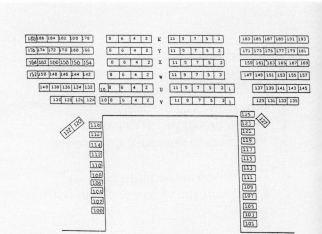

PLATEA

GALLERIA

C Andiamo al ristorante

(9)  Dove andiamo a cena?

A

OSTERIA DELLA SANTA PAZIENZA

Specialità francesi - A mezzogiorno menù fisso L. 15.000
aperto dalle 20,00 alle 3,00
via Borgonuovo, 6 - Bo - T. 224363 - rip. la Domenica

B

ragù   RISTORANTE
... cucina tradizionale...
pasta e dolci
fatti in casa
Piazza VIII Agosto, 30/A - Tel. 051/24.56.15
CHIUSO IL LUNEDÌ

C

مطعم النيل الأزرق

TRATTORIA NILO BLU
Via Padova, 36 - MILANO
Telefono (02) 284.60.67

ex **LE TRE PIRAMIDI**
Ambiente caratteristico egiziano
Specialità arabe – Menù libero

D

VECCHIA INDIA

Tutti i Sabato Sera i sapori dell'India
Cucina Vegetariana Indiana
Via degli Albari, 6 - Bologna - Tel. 235643

E

RISTORANTE
POSTA
CUCINA TIPICA TOSCANA   *chiuso il lunedì*
salsicce, bistecche alla griglia
Via Della Grada, 21/A - Tel. 051-410820 - Bologna

F

長城
Ristorante cinese
LA MURAGLIA
Locale caratteristico, tipica cucina
cinese con giardino e parcheggio.
20129 MILANO - Piazza
Oberdan, 2/A (Porta Venezia)
Tel. (02) 20.49.528-29.40.58.61
AGOSTO APERTO

G

Birreria delle Belle Arti

Aperta anche a mezzogiorno
Aperta dalle 08 alle 02
Chiuso domenica
Via Belle Arti, 6 - BO - Tel. 26.76.48

1 'Vorrei tanto provare un piatto cinese.'
2 'Ho molta voglia di una bistecca alla griglia.'
3 'Noi siamo vegetariani.'
4 'Vorrei un bel piatto di pasta.'
5 'Vorrei tanto mangiare qualcosa di nuovo.'
6 'Perché non andiamo in birreria?'
7 'È mezzanotte, chissà se c'è un ristorante aperto.'

| chissà . . . | *I wonder . . .* |
| alla griglia | *grilled* |

Trovi il ristorante giusto.

10 **a** Copi il menù e metta i piatti al posto giusto.

b Aggiunga tre cose da bere *(drinks)*.

c Confronti con i compagni.

Ristorante "Da Mario"

Piazza della Madonna ai Monti-Roma
Tel. 8457092

Antipasti
. . . .
. . . .
. . . .

Secondi
. . . .
. . . .
. . . .
. . . .
. . . .

Dolci
. . . .
. . . .
. . . .

Primi
. . . .
. . . .
. . . .
. . . .
. . . .

Contorni
. . . .
. . . .
. . . .
. . . .
. . . .

Da bere
. . . .
. . . .
. . . .

---

lasagne   bistecca alla griglia   pollo al pomodoro
patate fritte   tortellini   risotto ai funghi   ravioli
minestrone   tiramisù   trota al forno   antipasto misto
fegato alla veneziana   spinaci al limone   zabaglione
prosciutto   insalata di pomodori   spaghetti alla bolognese
gelato   zucchine   fettuccine al ragù   agnello arrosto   fagiolini

11 A pranzo al ristorante. Ascolti e ripeta.

Cameriere	Buongiorno signore. Cosa prende per primo?
Luciano	Vorrei … spaghetti alla bolognese.
Cameriere	Bene, e per secondo?
Luciano	Per secondo vorrei una bistecca alla griglia.
Cameriere	Per contorno? C'è insalata … spinaci, fagiolini, pomodori … patate fritte …
Luciano	Un'insalata, per favore.
Cameriere	Dolce o frutta?
Luciano	Frutta. Un'arancia. E un caffè, per favore.
Cameriere	Da bere?
Luciano	Acqua minerale e mezza bottiglia di vino rosso.

12 Emilia racconta un pranzo al ristorante.

a Ascolti e completi il dialogo.

Cameriere	Buongiorno signori. Cosa prendono per primo?
Emilia	. . . .
Cameriere	Sì, bene. E per secondo?
Emilia	. . . .
Cameriere	E per il signore?
Roberto	. . . .
Cameriere	E per contorno? Un'insalata?
Emilia	. . . .
Cameriere	Formaggio? Dolce?
Emilia	. . . .
Roberto	. . . .
Cameriere	Bene. E da bere?
Roberto	. . . .
Cameriere	Caffè?
Emilia	. . . .

b Legga il dialogo con due compagni.

13  Il conto

	CASSINELLI ENRICA
	P.za Europa, 13 – Tel. (0523) 976533
	29010 AGAZZANO (PC)
	Cod. Fisc. CSS NRC 67A63 G535Z
	Part. IVA 00967090333

quantità	descrizione	importo
2	COPERTI	8000
1	VINO – BIRRA	6000
1	ACQUA MINERALE	1500
	PIZZA	
	PASTI A PREZZO FISSO	
2	ANTIPASTI	18000
1	PRIMI PIATTI	8000
2	SECONDI PIATTI	34000
	CONTORNI	
	FORMAGGI	
	FRUTTA	
	DOLCI – DESSERT	
2	CAFFÈ – LIQUORI	4000

conteggio		TOTALE	76500
IVA ___ %		(IVA compresa)	
imponibile			
imposta		TOTALE	
data	n.	corrispettivo non pagato	

P 4608701 A/87

Vero o falso?

- Luisa e Piero hanno bevuto solo vino.
- Hanno preso due primi.
- Hanno preso due secondi.
- Piero ha mangiato del formaggio.
- Luisa ha ordinato un dolce.
- Hanno bevuto una bottiglia di acqua minerale.
- Piero non ha preso il secondo.
- Hanno preso due antipasti.
- Il conto è giusto.

(14) ⃛ Con il menù di Attività 10, fate i dialoghi.
Uno studente è il cameriere.

1	**2**

1 persona:
 	
 ha fame
 vuole: primo
       secondo
       contorno
       dolce
	2 persone:
	
	 hanno fame
	 1 è vegetariana
	 1 ama il pesce

3	**4**

3 persone:
 	
 1 è vegetariana
 1 ama la carne
 1 fa la dieta
	4 persone:
	
	 1 bambino: solo
	       primo
	 2 vogliono pasta/
	       carne
	 1 fa la dieta
	       tutti: gelato

avere fame	*to be hungry*
fare la dieta	*to be on a diet*

(15) 📖 👥

> Cameriere, una bottiglia d'acqua minerale, per favore.

> Gliela porto subito!

gliela	gliele
glielo	glieli

Veda Grammatica 2 a pagina 159.

Continui con:
la lasagna	le fettuccine
la bistecca	il pollo
gli spinaci	gli spaghetti
i ravioli	il conto

D Ascoltiamo la radio

La Radio (di E. Finardi)

Quando sono . . . . . in . . . . .
e solo devo restare
per . . . . un lavoro
o perché ho il . . . . ,
c'è qualcosa di molto . . . . . .
che io . . . . . fare:
accendere la radio
e mettermi a . . . .
Amo la . . . . . .
perché . . . . . . tra la . . . . . . ,
entra . . . . . . case,
ci parla direttamente:
e se una . . . . . . è libera
ma libera . . . .
mi . . . . . . anche di più
. . . . . . libera la . . . . . .

il raffreddore	*cold*
qualcosa di ...	*something ...*
accendere	*to switch on*
mettersi a	*to start to*
la mente	*mind*
liberare	*to free*

a 🖉 Ricostruisca il testo di questa canzone con le parole.

ascoltare	piace	solo
radio	veramente	
casa	mente	raffreddore
posso	radio	arriva	perché
nelle	gente	finire	facile

b 📖 🖉 Nel testo trovi il contrario di:

quando sono con molte persone
spegnere la radio
cominciare un lavoro
molto difficile
odio la radio
esce dalle case

| spegnere | *to switch off* |
| odio | *I hate* |

Avete notato?

| direttamente | *directly* |
| veramente | *truly, really* |

diretto → diretta + **mente**
= **direttamente**

17 ✏ **a** Faccia gli avverbi di:

vero   *(true)*   raro
certo   *(certain)*   magnifico
freddo   *(cold)*   splendido
solo   *(only)*

b Completi con un avverbio da **a**:

Ieri sera ho visto un programma
. . . . interessante.
Sono andato in Italia . . . . una volta.
Pavarotti ha cantato . . . .
È . . . . caro.
Mi ha guardato . . . .
La vedo . . . .

18 ✏ ♟♟♟ **Per casa.** Sul modello di Attività 2 inventi sei domande sulle abitudini dei radio-ascoltatori. Faccia un sondaggio in classe.

Grammatica

1 Avverbi

Made by adding -mente to the feminine form of the adjective.
certo → certa → certamente
freddo → freddamente
magnifico → magnificamente

2 Pronomi personali

The indirect object pronouns le (to her/you) and gli (to him) both change to glie in front of a direct object pronoun.

le/gli porto **il** pane *(m s)* → glie**lo** porto
        (I'll bring it to you/her/him)

le/gli mando **la** lettera *(f s)* → glie**la** mando
        (I'm sending it to you/her/him)

le/gli porto **i** ravioli *(m pl)* → glie**li** porto
        (I'll bring them to you/her/him)

le/gli porto **le** patate *(f pl)* → glie**le** porto
        (I'll bring them to you/her/him)

3 andare + a/in/al

vado **a** mangiare
        pattinare
        giocare a tennis

vado **in** piscina   *but* vado **al** cinema
        discoteca   ristorante
        pizzeria   **a/al** teatro

Vocabolario

TV e radio — *TV and radio*

ascoltare	*to listen*
l'attualità	*current affairs*
la canzone	*song*
i cartoni animati	*cartoons*
il documentario	*documentary*
le notizie sportive	*sports news*
la partita	*match*
le previsioni del tempo	*weather forecast*
il programma	*programme*
il radio-ascoltatore	*listener*
lo sceneggiato	*television drama*
il telefilm	*television film*
il telegiornale	*television news*
il telespettatore	*viewer*
il varietà	*variety show*

Aggettivi — *Adjectives*

certo/a	*sure, certain*
freddo/a	*cold*
raro/a	*rare*
solo/a	*alone*
vero/a	*true, real*

Verbi — *Verbs*

accendere	*to switch on*
avere voglia di	*to feel like*
bere	*to drink*
liberare	*to free*
mettersi a	*to start to*
sentire	*to listen to*
spegnere	*to switch off*

Al teatro e al cinema — *At the theatre and the cinema*

il genere	*type*
il giallo	*detective story*
il giudizio	*opinion, judgement*
la guerra mondiale	*world war*
ambientato/a	*set*
durante	*during*
il botteghino	*box office*
la fila	*row*
la galleria	*circle*
la platea	*stalls*
il posto	*seat*

Al ristorante — *At the restaurant*

l'antipasto	*hors d'oeuvre*
il primo	*first course*
il secondo	*second course*
il contorno	*vegetables*
il dolce	*dessert*
al forno	*done in the oven*
alla griglia	*grilled*
la birreria	*beer-house*
l'agnello	*lamb*
la bistecca	*steak*
il fegato	*liver*
il forno	*oven*
il pollo	*chicken*
il prosciutto	*ham*
la trota	*trout*
i fagiolini	*French beans*
l'insalata	*salad*
le patate fritte	*chips*
gli spinaci	*spinach*
le zucchine	*courgettes*
il tiramisù	*a dessert made with coffee, rum and cream*
lo zabaglione	*a dessert made with eggs, sugar and marsala*

Altri vocaboli — *Other vocabulary*

la mente	*mind*
il raffreddore	*cold*

Espressioni utili — *Useful expressions*

chissà	*I wonder*
qualcosa di facile	*something easy*
ti va di . . . ?	*do you feel like . . . ?*

sani e belli

Understanding and giving instructions
Talking about sport
Giving reasons
Explaining health problems
Asking for and giving advice
Making comparisons

SOMMARIO

la salute	*health*
smettere (di fare . . .)	*to stop (doing something)*
fa bene	*it's good for you*
fa male	*it's bad for you*
dimenticare	*to forget*
dimagrire	*to lose weight*
l'ambiente (*m*)	*environment*

● 📖 A che pagina apre se le interessa . . .?

dimagrire
l'alcolismo
l'uomo e l'ambiente
lo sport
la medicina tradizionale
smettere di fumare
la medicina alternativa
i rischi dell'attività fisica

● ✎ Fa bene o fa male? Metta in colonna.

Fa bene	Fa male

A Tenersi in forma *(Keeping fit)*

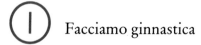 Facciamo ginnastica

a 📖 ✏️ Unisca istruzioni e figure.

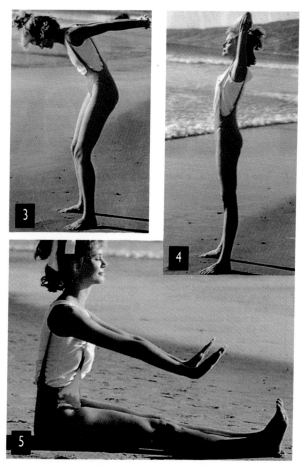

A Ruotate le braccia avanti e indietro, piegando leggermente le gambe.

B Seduti a terra, gambe tese, schiena dritta, braccia in avanti, cercate di toccare i piedi. Fate l'esercizio dieci volte lentamente.

C In piedi, prendete il piede e spingete indietro.

D In piedi, gambe divaricate, braccia sopra la testa, stringete i gomiti.

E Saltate a corda per tre minuti. Riposatevi per un minuto. Ripetete.

la ginnastica	*exercises*
cercare di	*to try to*
il gomito	*elbow*
stringere	*to clasp*
spingere	*to push*
saltare a corda	*to skip*
riposarsi	*to rest*

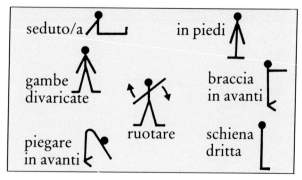

seduto/a   in piedi

gambe divaricate   braccia in avanti

piegare in avanti   ruotare   schiena dritta

b 📼 Giusto? Ascolti e controlli.

c 📼 Riascolti e faccia gli esercizi di ginnastica 2 e 4.

② 📖 👥 Istruzioni

To give instructions you use the imperative.

(voi)   (tu)

cerc**ate**	di toccare	cerc**a**	(-are)
string**ete**	i gomiti	string**i**	(-ere)
un**ite**	i piedi	unisc**i**	(-ire)
fate	l'esercizio	**fai**	(fare: verbo irregolare)

Usando il **tu**, dia le istruzioni per esercizi 1 e 3 a un compagno.
(*Using* tu, *give a fellow student instructions for doing exercises 1 and 3.*)

Esempio: Seduto a terra, gambe tese . . .
          cerca di toccare i piedi.

③ ✎ Ora a lei. Con il vocabolario in **1** e **2**, scriva le istruzioni per queste posizioni yoga usando il **voi**.

appoggiare	*to lean*

4 a Legga.

Esercizi in volo

Lo spazio in aereo è ristretto, si sa, e specialmente quando il viaggio è lungo è importante fare qualcosa per attivare la circolazione.

Esercizio n. 1 Ogni tanto è bene alzare e ruotare i piedi prima in senso orario e poi in senso anti-orario.

Esercizio n. 2 Per le gambe, ogni ora bisogna :
a) alzare prima un ginocchio e poi l'altro verso il petto.
b) alzare le gambe verso il petto e poi abbassarle .

Esercizio n. 3 Ogni tanto è bene unire i piedi , tirare in dentro la pancia , abbracciare le ginocchia e cercare di toccarle con la testa.

IMPORTANTE: è meglio ignorare gli sguardi degli altri passeggeri!

abbassare	*to lower*
alzare	*to lift*
in senso orario	*clockwise*
in senso anti-orario	*anticlockwise*
il ginocchio	*knee*
(*pl* le ginocchia)	
il petto	*chest*
la pancia	*stomach/belly*
abbracciare	*to hug*
lo sguardo	*look*

b Dica a suo figlio che cosa deve fare in volo. Usi il **tu**.
Cambi le parole sottolineate nel testo, secondo il modello.

Esempio: <u>È importante fare</u> qualcosa
→ **Fai** qualcosa!

Avete notato?

è importante fare qualcosa	*it is important to do something*
è bene . . . + verbo	*it is a good idea to . . .*
è meglio . . . + verbo	*it is better to . . .*
bisogna . . . + verbo	*it's necessary/you must*

B Lei fa sport?

5 📼 ✏ Ascolti.
Per ogni ragazzo/a scriva il numero dello sport che fa.

> Per parlare di sport:
>
> sono appassionato di . . .   preferisco . . .
> faccio . . .   so (sciare)
> pratico . . .   gioco a . . .

| Elisa | Sara | Barbara | Max |

Ilaria   Daniela   Riccardo   Filippo Elena

| 1 | 2 | 3 | 4 | 5 la corsa a piedi/il footing | 6 | 7 | 8 la palestra/ la ginnastica | 9 la palla- canestro | 10 |

6 💬 E lei, che cosa fa per tenersi in forma?
a ✏ 👥 Copi e riempia la scheda per sé, poi faccia un sondaggio (gruppi di quattro).

> ginnastica   passeggiate
> footing   tennis
> nuoto   bicicletta
> calcio   pallacanestro
> giardinaggio   equitazione

Nome	Attività	Quante volte: al giorno/mese/ alla settimana	Dove: casa/palestra/parco	Con chi

b 🗨 Risultato

- Quali attività preferisce la maggioranza?
- Quali attività preferiscono gli uomini e quali le donne?
- La bicicletta è uno sport popolare?
- Quante persone preferiscono il giardinaggio?

preferire	
preferisco	preferiamo
preferisci	preferite
preferisce	preferiscono

(7) **a** 🗨 Scelga due aggettivi per descrivere due sport che le piacciono e due che non le piacciono. Spieghi perché.

Esempio: Il tennis mi piace, perché è
...... e ....
La boxe non mi piace, perché è
.... e ....

rilassante	completo/a
aggressivo/a	
impegnativo/a (demanding)	
noioso/a (boring)	competitivo/a
crudele	facile	faticoso/a
armonioso/a	divertente (enjoyable)
agonistico/a (athletic)	
difficile	violento/a
sano/a (healthy)	

b 🚶🚶 Confronti con un compagno.

(8) 🚶🚶 Paragoni (*Comparisons*)

Secondo me, il golf è più facile del tennis.

Sono d'accordo.

No, non sono assolutamente d'accordo.

più	facile	del	tennis/nuoto
meno		dello	sci
		dell'	equitazione
		della	ginnastica

a Continuate con altri sport e con aggettivi da 7.

b

Studente A: Scelga i quattro sport più faticosi secondo lei e scriva quattro paragoni. Poi controlli con Studente B. Scriva il numero di calorie l'ora per ogni sport.

Studente B: pagina 234

9 🔊 Perché non fanno sport queste persone?

A perché non mi piace
B perché ho troppo da fare
C perché non ci sono attrezzature
D perché non ho voglia
E perché non ho tempo
F perché sono pigro/a
G perché mi stanco
H perché costa troppo

4   1   3

10 📖 👥

> Vorrei un consiglio ... Cosa posso fare per tenermi in forma in città?

> Facile! Invece di andare in macchina, perché non vai a piedi?

A turno, continuate con ...

Asking for advice
Vorrei un consiglio.
Cosa posso fare?

Giving advice
Invece di + infinito *(Instead of + ...ing)*
Perché non ... + verbo?

prendere l'ascensore	*to take the lift*
la macchina ecc.	*the car etc.*
andare a piedi	*to go on foot*
in macchina ecc.	*by car etc.*
salire/scendere le scale	*to go up/down the stairs*
camminare piano	*to walk slowly*
di buon passo	*briskly*
correre	*to run*

TUTTI IN FORMA CENTRO INFORMAZIONI SPORT

Telefonate al 523829

Vi aiutiamo a trovare la palestra che fa per voi!

BODY BUILDING
CON PROGAMMI
PERSONALIZZATI

TERAPIA ANTIFUMO
GINNASTICA DIMAGRANTE
GINNASTICA CORRETTIVA
MASSAGGI
LAMPADA SOLARE
TRATTAMENTI CORPO E VISO

 AEROBICA
DANZA MODERNA
DANZA JAZZ

 PISCINA
CORSI DI NUOTO
GINNASTICA
IN ACQUA

 CORPO LIBERO
GINNASTICA
PERSONALIZZATA
YOGA
TECNICHE DI RELAX

a 📼 Riordini i dialoghi. Poi controlli con la cassetta.

● Grazie mille, buongiorno.
Pronto. Centro Informazioni 'Tutti in Forma'.
Dunque, sauna … Sì: telefoni al ......
Pronto? Buongiorno. Scusi, mi sa dire dove posso fare sauna?

● Palestra .... Buongiorno.
Il giovedì dalle sei alle otto di sera.
Sì certo, abbiamo lezioni individuali o di gruppo.
Ah bene, e quanto vengono le lezioni di gruppo?
15.000 lire l'ora.
Buongiorno. Vorrei sapere se fanno danza jazz.
A che ora sono le lezioni?
Grazie mille.

| Quanto viene? | *How much is it?* |
| Quanto vengono? | *How much are they?* |

b 👥
Studente A: Scelga dalla lista di 'Tutti in Forma' un'attività per tenersi in forma.
Faccia due telefonate:
1 al Centro Informazioni (Studente B) per trovare la palestra giusta.
2 alla palestra (Studente C) per sapere prezzo e orario.
Studente B: pagina 234
Studente C: pagina 239
Continuate con le altre attività.

C Non mi sento bene

(12) 📖 Che cos'hai?

Che cos'hai? (tu)	*What's the matter? (informal)*
Che cos'ha? (lei)	*What's the matter? (formal)*
Mi sento male Non mi sento bene}	*I feel unwell*

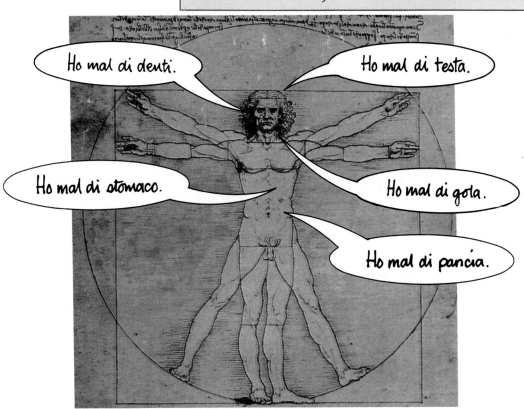

Ho mal di denti.

Ho mal di testa.

Ho mal di stomaco.

Ho mal di gola.

Ho mal di pancia.

a 📼 ✎ Ascolti. Segni i disturbi che sente e completi la traduzione.

Ho mal di	stomaco	
	pancia	
	denti	
	testa	
	gola	
Ho la	tosse	*I've got a cough*
	febbre	*a fever*
il	raffreddore	*a cold*

b 👥

Studente A: Chieda a Studente B come sta.

Studente B: Mimi un disturbo *(ailment)*.

Studente A: Simpatizzi (Poverino/a! Hai il . . .?)

Studente B: Dica enfaticamente che disturbo ha (Ho un terribile . . .)

In farmacia

a Ascolti. Guardi la figura e trovi il rimedio per ogni persona. Lo scriva sul modulo.

b Riascolti e completi il modulo.

le compresse	*tablets*
le pastiglie	*lozenges*
la pomata	*cream*
le gocce	*drops*
la bruciatura	*burn*

PASTIGLIE VALDA PER LA TUA GOLA

Pastiglie Valda: composte di estratti vegetali con proprietà balsamiche. Dalle Pastiglie Valda una prima difesa per la tua gola.

A

Mal di denti? Calma.

B

C

D

E

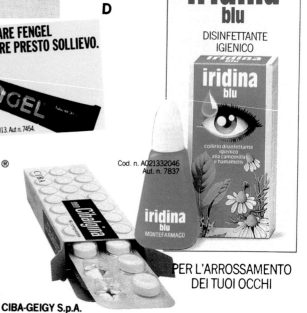

CIBA-GEIGY S.p.A.

PER L'ARROSSAMENTO DEI TUOI OCCHI

	Uomo/ Donna/ Bambino	Disturbo	Rimedio	Quante volte (How many times)	Quando
1					
2					
3					
4					

c   Trascriva il primo dialogo.

Quante volte? *(lit. How many times?)*

due **volte** | **al** giorno
| **alla** settimana

ogni tre | ore
| giorni

(14)

a   ✏   A che serve? *(What is it for?)*
Serve/Servono . . .
Metta l'articolo e formi le frasi.

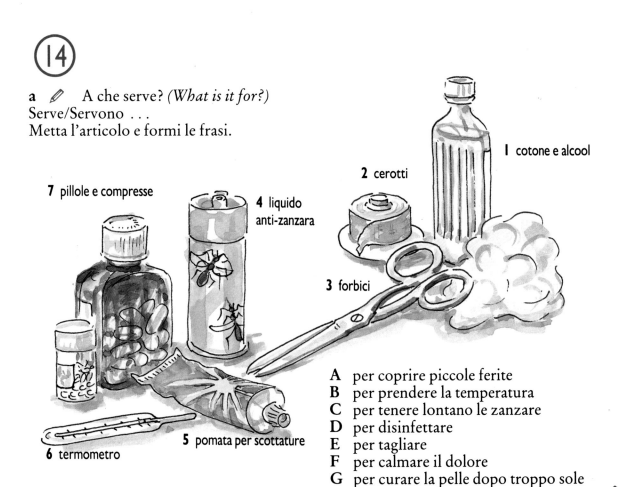

1 cotone e alcool

2 cerotti

7 pillole e compresse

4 liquido anti-zanzara

3 forbici

5 pomata per scottature

6 termometro

A   per coprire piccole ferite
B   per prendere la temperatura
C   per tenere lontano le zanzare
D   per disinfettare
E   per tagliare
F   per calmare il dolore
G   per curare la pelle dopo troppo sole

b *ⅈⅈ* Siete un gruppo di campeggiatori *(campers)*. A ognuno è successo qualcosa. Andate al Pronto Soccorso *(First Aid)*.

Studenti A, B, C, D, E:
- Lei si è bruciato/a al sole.
- Si è tagliato/a un dito.
- Deve disinfettare una ferita a un piede.
- Ha la febbre.
- È coperto/a di morsi di zanzare *(mosquito bites)*.

Studente F:
Lei lavora al Pronto Soccorso.
Offra aiuto *(help)* ai campeggiatori. Usi queste espressioni:

Faccia vedere
  (Show me)
Le posso dare . . .
Ecco un . . .
Prenda questo/a . . .

È importante . . .
È meglio . . .
Due volte al giorno
Ogni tre ore

D Benessere e salute

(15) Storia d'Italia in cifre: siamo alti, longevi e colti

''Ma non nascono più bambini''

Ci sono salute e benessere, aumenta il numero degli studenti, ma cala l'occupazione e, soprattutto, cala la popolazione.
Ogni anno, per rispondere alle domande «Chi siamo, da dove veniamo, dove andiamo?», l'Istituto Centrale di Statistica fornisce un check-up completo, in cifre, di che cosa cambia, migliora o peggiora nel nostro paese. Oggi non siamo soltanto più longevi, siamo anche più alti e meglio nutriti. E la dieta mediterranea continua ad avere un ruolo cruciale nella nostra longevità.

Paese	età media uomini	età media donne
Giappone	75,6	81,4
Svezia	74,2	80,2
Svizzera	73,8	80,5
Italia	73,2	79,7
Paesi Bassi	73,0	79,6
Norvegia	72,8	79,6
Australia	72,8	79,1
Francia	72,0	80,3
Germania	71,8	78,4
Regno Unito	71,8	77,7
Usa	71,3	78,3

le cifre	*figures*
longevo/a	*long-lived*
colto/a	*educated*
la salute	*health*
il benessere	*prosperity*
aumentare	*to increase*
calare	*to go down*
l'occupazione (*f*)	*employment*
fornire	*to provide*
migliorare	*to improve*
peggiorare	*to get worse*
il nostro paese	*our country*
crescere	*to go up*
nascere	*to be born*

a 📖 ⚭ Guardate la tabella dell'età media (*average age*) e fatevi le domande:

- I francesi sono più o meno longevi degli inglesi?
- Gli italiani vivono più a lungo o meno a lungo degli americani?
- In quale paese vivono più a lungo le donne?
- In quale paese vivono meno a lungo?
- Gli svedesi sono meno longevi dei norvegesi?
- I tedeschi vivono più o meno delle tedesche?
- Qual è il paese con l'età media più alta?

b 🖉 Trovi

- due cose che calano e due cose che crescono in Italia.
- la frase nel titolo che indica il calo (*fall*) della popolazione.
- tre qualità degli italiani di oggi.
- che cosa fa l'ISTAT (Istituto Centrale di Statistica).

c 🖉 Ricostruisca:

- bambini/nascere/più/non
- durata/Italia/vita/media/aumentare/ recentemente
- più/italiani/colti/longevi/essere/ma/ calare/occupazione

 a 📖 Legga usando il vocabolario a pagina 175.

Camminare è bello

Ogni mattina, con qualsiasi tempo, esco a fare una passeggiata, a volte breve, a volte lunga, in compagnia della mia cagna. Cammino nel bosco dietro casa, poi lungo un sentiero e ritorno per un prato: seguo così i cambiamenti delle stagioni, i movimenti degli animali, il variare della vegetazione. Qualche volta, o perché piove, o perché fa freddo o nevica, o per altre cose che avrei da fare, non vorrei uscire, a causa di quel diavoletto che suggerisce: "Ma dove vuoi andare? Non senti come piove? Sali invece nella tua stanza, non perdere tempo." Ma dopo aver camminato per un'oretta, il lavoro viene più facile.

Credo proprio che quello del camminare sia l'esercizio fisico più salutare per l'uomo. Ma camminare, non correre: camminare lontano dai motori, dai rumori innaturali, perché quello dell'acqua o quello del temporale o quello del vento sono complementari al camminare; e il canto degli uccelli o il ronzio degli insetti fanno accordo con i tuoi pensieri. Se poi insieme a te hai un amico o un'amica potranno essere poche le parole, ma tante le comunicazioni.

Personalmente ho camminato tanto, non solo da ragazzo, non solo in guerra dove è stato la salvezza; e penso che sarebbe bello andarmene da questo mondo camminando per colline boscose in una sera d'autunno.

b 💬 ✏️ Non è vero. Perché?

- Lo scrittore esce solo quando c'è il sole.
- Fa una passeggiata una volta la settimana.
- Va sempre da solo.
- Trova il canto degli uccelli irritante.
- Ama camminare dove c'è traffico.

c 👥

Studente B: Lei è un giornalista. Intervisti lo scrittore Rigoni Stern (pagina 235).

Studente A: Lei è lo scrittore. Risponda alle domande.

d ✏️ **Per casa.** Descriva una passeggiata fatta recentemente, dove l'ha fatta, quando e con chi.

Grammatica

1 Imperativo *(Commands)*

Informal

(tu)	cerca stringi unisci	(voi)	cercate stringete unite

2 **-isco** *verbs* **(-ire)**

preferire:	preferisco	preferiamo
	preferisci	preferite
	preferisce	preferiscono

Other common **-isco** *verbs:* capire, unire, finire, pulire

3 Paragoni *(Comparisons)*

Il tennis è **più** faticoso **del** calcio.
Il nuoto è **meno** interessante **dello** sci.

4 **Non mi sento bene**

Che (cosa) hai?
                 ha?

Ho mal di	testa. pancia. gola. stomaco. denti. orrecchio.	Ho	la tosse. la febbre. il raffreddore. l'influenza.

5 Come dare un consiglio *(Giving advice)*

È meglio . . .
È importante . . .   } + infinito
È una buona idea . . .

Perché non . . . + presente?
Esempio: Perché non cammini di più?

Invece di . . . + infinito *(Instead of . . . (doing))*

Vocabolario

Tenersi in forma	Keeping fit
abbassare	to lower
abbracciare	to put one's arms around
alzare	to lift
cercare di	to try to
fare ginnastica	to exercise
fare una passeggiata	to go for a walk
la palestra	gymnasium
spingere	to push
stringere	to clasp
la corsa a piedi	running
l'equitazione (f)	riding
il footing	jogging
il giardinaggio	gardening
la ginnastica	gymnastics, exercises
il nuoto	swimming
la pallacanestro	basketball
lo squash	squash

Aggettivi	Adjectives
divertente	enjoyable
impegnativo/a	demanding
pigro/a	lazy
rilassante	relaxing
sano/a	healthy

Verbi	Verbs
annoiarsi	to get bored
appoggiarsi	to lean
aver tempo	to have time
camminare di buon passo	to walk briskly
correre	to run
essere occupato/a	to be busy
prendere l'ascensore	to take the lift
salire le scale	to go up the stairs
scendere	to go down
sentirsi bene/male	to feel well/ill
stare bene/male	to be well/ill

Il corpo	The body
il dito (f pl le dita)	finger
il ginocchio (f pl le ginocchia)	knee
la gola	throat
il gomito	elbow
la mano (f pl le mani)	hand
la pancia	stomach/belly
il petto	chest
lo stomaco	stomach

Non mi sento	I don't feel well
la bruciatura	burn
la compressa	tablet
la febbre	temperature
le gocce	drops
l'influenza	influenza
la pastiglia	lozenge
la pomata	cream
il raffreddore	a cold
lo sciroppo	cough mixture
la scottatura	sunburn
la tosse	cough

L'Italia in cifre	Italy in figures
aumentare	to go up
calare	to go down
le cifre	figures
crescere	to go up
diminuire	to go down
medio/a	average
nascere	to be born
non . . . più	no longer

Camminare	Walking
il bosco	wood
la cagna	bitch
le colline	hills
il diavoletto	little devil
insieme	together
perdere tempo	to waste time
il prato	field
il ronzio	buzz
il rumore	noise
salutare	healthy
il sentiero	path
gli uccelli	birds

Espressioni utili	Useful expressions
Mi puoi/può dare un consiglio?	Can you give me some advice?
Come ti senti/si sente?	How do you feel?
Che (cosa) hai/ha?	What's wrong with you?
Cosa posso fare per . . .?	What can I do to . . .?
Ho troppo da fare	I have too much to do
Serve/Servono per . . .	It is/They are for . . .

muoversi

Understanding announcements
Enquiring about timetables
Buying tickets
Buying petrol and getting directions
Understanding weather bulletins
Predicting the weather

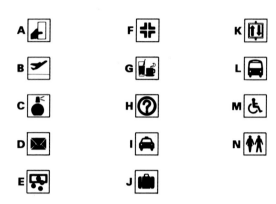

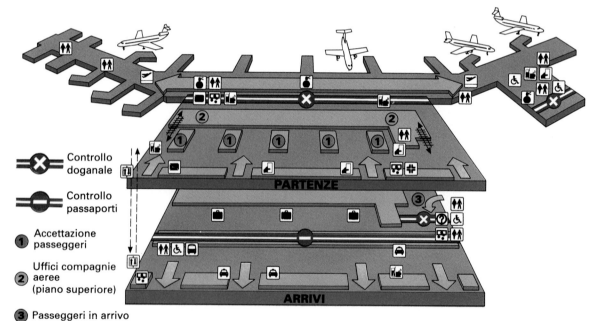

Controllo doganale

Controllo passaporti

① Accettazione passeggeri

② Uffici compagnie aeree (piano superiore)

③ Passeggeri in arrivo

PARTENZE

ARRIVI

● 📖 ✎ Unisca le indicazioni e i simboli:

  1 Duty free
  2 Biglietti e prenotazioni
  3 Uscite
  4 Posta
  5 Cambio
  6 Ritiro bagagli
  7 Informazioni turistiche
  8 Autonoleggio
  9 Ascensori
10 Biglietteria autobus per Roma
11 Tolette
12 Farmacia
13 Bar
14 Tolette disabili

● ĬĬ Guardi la piantina e trovi quattro posti per dare un appuntamento a un amico.

Esempio:
  A Allora ci vediamo alla farmacia.
  B Dov'è esattamente?
  A Al primo piano, vicino al cambio.

Continui.

A In aereo

1  👥 All'aeroporto
Ufficio Informazioni

Vorrei un'informazione per favore.

Studente A: Copra la piantina.
Lei è appena arrivato a Fiumicino da New York. Non conosce l'aeroporto. Ha solo dollari e sterline. Vuole un tassì o una macchina a noleggio per andare a Roma subito, e una cartina della città.
Vada all'Ufficio Informazioni e faccia quattro domande.
Studente B: Usi la piantina dell'aeroporto (pagina 176) per rispondere.

2 ✏️ **a** Cosa si fa quando si parte? Metta in ordine con un compagno.

Si controllano i passaporti.
Si va all'uscita per l'imbarco.
Si passa il controllo di sicurezza.
Si consegna il bagaglio.
Si sale a bordo.

b Cosa si fa quando si arriva? Metta in ordine.

Si passa la dogana.
Si fa il controllo del passaporto.
Si scende dall'aereo.
Si ritirano le valige.

c Parole utili: Trovi

boarding
on board
customs

Verbi	
controllare	*to check*
consegnare	*to check in (luggage)*
salire	*to get on*
passare	*to go through*
ritirare	*to pick up*
scendere	*to get off*

d 💬✏️ Ieri il signor Boselli è partito per Parigi alle 17,25. Ecco che cosa ha fatto prima di partire. È arrivato all'aeroporto alle 16. Prima di tutto ha consegnato il bagaglio ...

Continui lei. Usi:

prima di tutto	dopo un po'
poi	e infine
subito dopo	

③ ✎ **Cruciverba aereo**
Attenzione: si devono usare solo nove parole.

che	*that, which, who, whom*

ritiro	volo	atterra	bagaglio
decolla	passaporto	pilota	posto
passeggeri	a mano	carrello	imbarco

1										Documento di identità
2										La persona che guida l'aereo
3										Dove sta seduto il passeggero
4										Le valige dei passeggeri
5										Serve per portare le valige
6										Quello per Londra è il BY 582
7										Una borsa da viaggio si può portare . . .
8										Il . . . dei bagagli richiede poco tempo.
9										Le persone che viaggiano

④ **Partenze**

a 📖 ✂✂ Leggete velocemente la tabella delle partenze in senso orizzontale e verticale. A turno, fatevi le domande:

- In quali paesi vanno questi voli?
- Dove va il volo della BA?
- A che ora parte l'aereo per New York?
- Di che compagnia è il volo delle 14,50?
- Quanti voli dell'Alitalia ci sono?
- Sono le 15,40: qual è il prossimo volo?
- Qual è l'uscita del volo per Mosca?

il volo **per** Mosca	*the flight for Moscow*
il volo **delle** 14,50	*the 14.50 flight*
il **prossimo** volo	*the next flight*

PARTENZE

COMPAGNIA/VOLO	DESTINAZIONE	ORARIO	USCITA	AVVISO
BA	Birmingham	14,26		imbarco
LUFTHANSA	Bonn	14,50	23	
KLM	Amsterdam			
AEROFLOT	Mosca		20	
ALITALIA	Parigi	16,03	7	
SWISSAIR	New York	16,40		

b 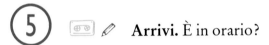 A che ora parte?

Studente A: Chieda al compagno gli orari che mancano e il numero dell'uscita.

Studente B: pagina 235

⑤ 📼 ✎ **Arrivi.** È in orario?

Lei lavora per un'agenzia di viaggi e deve controllare alcuni orari d'arrivo. Ci sono molti ritardi. Ascolti gli annunci e corregga la sua lista se necessario.

Volo	Arrivo previsto
AZ 567	14,02
LH 5488	14,20
BA 284	15,05
KL 0P54	15,23
TW 050	16,00
AF 479	16,08

è in orario   *it's on time*
è in ritardo   *it's late*
è in ritardo di cinque minuti
ha un ritardo di cinque minuti }
ha cinque minuti di ritardo
          it's five minutes late
il maltempo   *bad weather*
lo sciopero   *strike*

Al controllo di sicurezza

a 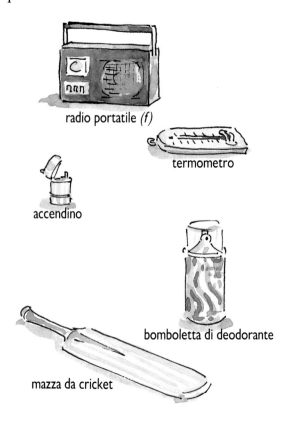 Cosa dice il passeggero? Indovini. Poi ascolti e controlli.

Impiegato	Può aprire la borsa per cortesia?
Passeggero	. . . . ?
Impiegato	C'è qualcosa di strano. Una pistola.
Passeggero	. . . . !??
Impiegato	Sì, esatto. Eccola.
Passeggero	Ma è di plastica! È per . . . . !
Impiegato	Mi dispiace ma la dobbiamo confiscare. È pericolosa. Gliela daremo all'arrivo.
Passeggero	(. . . . . ! Roba da matti! Una . . . . di . . . . !)

qualcosa di . . .	*something* . . .
strano	*strange*
pericoloso	*dangerous*
metallico	*metallic*

b Fate dei dialoghi simili. Gli oggetti in questione sono:

radio portatile *(f)*

termometro

accendino

bomboletta di deodorante

mazza da cricket

B In treno

7 Al Servizio Informazioni,
Stazione termini, Roma

1 Napoli-Roma-Firenze-Milano

	EC ✗	Dir	Expr a d ✗	EC ✗	IC ✗ Ⓡ	Dir	IC a ✗ Ⓡ	Dir	IC ✗ Ⓡ	IC ✗	IC ✗	IC ✗	IC ✗	Expr ✗
Napoli C. p			5 04				7 00							
Roma Ter. p	7 10		7 17	7 45	8 00	8 25	9 02			10 00	11 00	11 50		12 07
Orte p						9 06								
Orvieto p						9 37								
Chiusi p			8 25			10 06								13 19
Terontola p						10 24								
Arezzo p						10 51					11 26			
Firenze S.M.N. p	9 29		9 50	10 08	10 19	11 50	11 19			12 20	13 19	14 09	14 35	14 43
Prato p														15 01
Bologna C. p	10 32	10 38	11 02	11 10	11 26	12 26	12 38		14 32	13 26	14 26	15 12	15 42	15 56
Modena p		11 01				12 59				13 47				
Reggio E. p		11 16				13 14				14 02				
Parma p		11 33				13 31				14 18				16 41
Fidenza p		11 46				13 43				14 32				
Piacenza p		12 16				14 06				14 50				
Milano C. a	12 55	13 05		13 10	14 10	14 50			16 16	15 30	16 10		17 26	17 45

a 📼 📖

Impiegato	Buongiorno. Dica.
Signora	Buongiorno. Vorrei sapere a che ora c'è un treno per Bologna domani mattina. Non troppo presto, per favore.
Impiegato	Dunque, la mattina ce n'è uno alle 7,45 poi ... c'è un rapido alle 8,00 e alle 9,02. Poi c'è un treno alle 10,00 e alle 11,00...
Signora	Quello delle 10,00 va benissimo. A che ora arriva a Bologna?
Impiegato	Dunque, il treno delle 10,00 ... arriva a Bologna alle 13,26.
Signora	E da che binario parte?
Impiegato	Mi dispiace signora, non lo so. Deve guardare sulla tabella o chiedere.

il rapido	*high speed train*
il binario	*platform*
la tabella	*board*

b 📖 ✏️ Trovi le frasi nel dialogo e completi:

Vorrei sapere ...
Ce n'è uno ...
A che ora arriva ...
Mi dispiace ...
Da che ...

c 💬 Siete a Roma. Usando l'orario, fate altri dialoghi per Chiusi, Orvieto, Firenze, Milano.

8

Scusi, a che ora è il prossimo treno per Milano?

Studente A: Chieda l'orario e il binario dei seguenti treni da Roma.

Studente B: pagina 235

- Sono le 13,45. Vuole partire immediatamente per Firenze.
- Deve essere a Bologna per le 18,30.
- Deve arrivare a Milano prima di mezzanotte, questa sera.
- Ha una riunione di affari a Milano domani mattina alle 9,30. Vuole un treno con carrozze letto.
- La sua amica arriva da Napoli alle 13,00 e deve andare a Bologna.

la riunione d'affari	*business meeting*
la carrozza letto	*sleeper*

9

un biglietto di andata	*a single ticket*
un biglietto di andata e ritorno	*a return ticket*

a

Signore	Tre biglietti per Chiusi per favore. Due adulti e un bambino.
Bigliettaio	Solo andata o andata e ritorno?
Signore	Andata e ritorno.
Bigliettaio	Prima o seconda classe?
Signore	Seconda. Ci sono riduzioni per i bambini?
Bigliettaio	Quanti anni ha il bambino?
Signore	Dieci anni.
Bigliettaio	Eh . . . Sì . . . Dunque . . . 22.500 per un adulto, metà prezzo per il bambino. Sono 56.250 in tutto.
Signore	Ecco 60,000.
Bigliettaio	Ecco a lei 3.750 di resto.
Signore	Scusi, si deve cambiare?
Bigliettaio	No, signore.
Signore	Grazie. Buongiorno.

b 👥
Studente A: Passeggero
Studente B: Bigliettaio
Fate un dialogo per ogni
biglietto.

(10) 📼 ✏️ Alla stazione di Grosseto

Ascolti gli annunci e scriva le informazioni.

Tipo di treno	Provenienza	Destinazione	Binario	Ritardo

in arrivo	*arriving*	il direttissimo	*through train*
in partenza	*leaving*	il rapido	*high speed train*
il diretto	*stopping train*	il locale	*local train*
l'espresso	*fast train*	l'inter-city	*inter-city train*

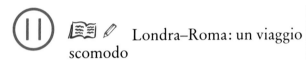 Londra–Roma: un viaggio scomodo

a Aggiunga i verbi che mancano. Attenzione: sono tutti al passato. (Veda Grammatica, pagina 194.)

| essere (stato*) andare fermarsi |
| rimanere (rimasto*) lasciare |
| arrivare prendere (preso*) |
| partire durare viaggiare |
| russare riuscire trovare |
| |
| * participio passato irregolare |

Il nostro viaggio in Italia quest'anno . . .
. . . . . un disastro. Come sempre . . .
. . . . . in treno. . . . . in macchina
alla Stazione Vittoria, ma a metà strada
. . . . bloccati nel traffico. Allora
. . . . la macchina e . . . . la
metropolitana. Ma il treno . . . .
fermo in una galleria per più di 15
minuti. . . . . alla Stazione Vittoria,
correndo disperatamente, alle 10,29. Il
treno . . . . alle 10,30! Dopo due ore
. . . . a Dover e . . . .
l'hovercraft; la traversata 35
minuti. A Boulogne . . . . il treno e
dopo circa tre ore e mezzo, ... a
Parigi. Ma il treno era affollato e . . .
. . . . . in piedi per tutto il tempo. A
Parigi . . . . due ore e mezzo, poi
. . . . il Palatino, e siamo arrivati a
Roma la mattina dopo alle 9,30. Il
viaggio però non . . . . troppo
comodo. Avevamo le cuccette, ma una
persona . . . . . . tutta la notte e
nessuno . . . . a dormire. Perciò . . .
. . . . . a Roma stanchissimi. . . . subito
. . . . . un albergo e . . . . a dormire!

fermarsi	to stop, stay
russare	to snore
a metà strada	half way
la galleria	tunnel
la traversata	crossing
affollato/a	crowded
in piedi	standing
ma, però	but
perciò	therefore

b Copi e completi l'itinerario, segnando le ore.

Stazione Vittoria
Dover
Boulogne
Parigi arr.
Parigi part.
Roma `

c Quanti mezzi hanno usato in tutto il viaggio?
Quanto tempo si sono fermati a Parigi?
Perché è stato scomodo il viaggio da Parigi a Roma?
Quanto è durata la traversata?
Cosa hanno fatto appena arrivati a Roma?

d Racconti un viaggio che ha fatto di recente.
Per casa. Lo scriva.

C In macchina

 a 📖 💬 Legga con un compagno.

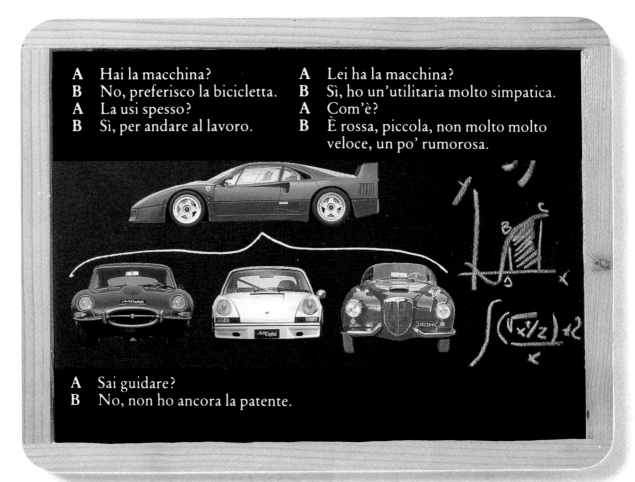

A Hai la macchina?
B No, preferisco la bicicletta.
A La usi spesso?
B Sì, per andare al lavoro.

A Lei ha la macchina?
B Sì, ho un'utilitaria molto simpatica.
A Com'è?
B È rossa, piccola, non molto molto veloce, un po' rumorosa.

A Sai guidare?
B No, non ho ancora la patente.

guidare: portare la macchina
la patente: licenza per guidare
l'utilitaria: macchina piccola molto
  economica

b ✎ Divida in lati **positivi** e **negativi**:

è comoda   è veloce
in città è più lenta del bus
inquina l'aria   rovina le città
permette di fare tante cose
ti rende indipendente
è asociale   è costosa   è economica
ti fa diventare pigro   è utile

c ✎ Segni (√) le frasi con cui è d'accordo.

➡

d   Faccia un sondaggio in classe.
Prepari le domande:

- macchina?
- tipo?
- colore?
- da quanto tempo?
- uso?
- giudizio?

Espressioni utili

Che ne pensi?	*What do you think of it?*
Secondo me . . .	*In my opinion . . .*

13 Alla stazione di servizio

a 📖 ✏️ 📼 Guardi le figure e completi il dialogo. Poi ascolti e controlli.

la benzina	*petrol*
le gomme	*tyres*
il pieno	*full tank*
senza piombo	*unleaded*
super	*4-star*
ce l'ha?	*have you got one?*

**VIAGGIO LUNGO?
FATE IL PIENO!**

**Controllate l'olio
e le gomme!**

**Senza
Piombo**

**Qui
Informazioni**

Automobilista	Buongiorno. 30.000 di benzina per favore.
Garagista	Senza piombo o super?
Automobilista	. . . .
Garagista	Subito.
Automobilista	Mi dica, accettate . . . . . . ?
Garagista	Certamente. Altro?
Automobilista	Sì, mi potrebbe controllare . . . . ?
Garagista	Sì, certo. Un attimo.
Automobilista	E anche . . . . per cortesia.
Garagista	Va bene!
Automobilista	E una cartina della zona, ce l'ha?

10.000 **di** normale
30.000 **di** super/senza piombo
il **pieno** per favore

**BAR
TOLETTE**

si accettano
buoni benzina

b ⚲ Fate i dialoghi.

Studente A: Automobilista

Studente B: Garagista

Vuole il pieno (normale).   Deve controllare l'olio.   Ha voglia di un caffè.

Ha i buoni benzina e vuole benzina   super.   Vuole controllare le gomme.

Ha solo L.20.000.   Di solito usa super.   Vuole una cartina della zona.

Usa benzina senza piombo.   Vuole il pieno.   Ha voglia di un cappuccino.

⑭ **Indicazioni stradali**

PARCO DI PINOCCHIO E PAESE DEI BALOCCHI
ITALIA - 51014 COLLODI (PT) - TEL. 0572-42.93.42
APERTO TUTTI I GIORNI DELL'ANNO
ORARIO CONTINUATO DALLE ORE 8,30 AL TRAMONTO

a 📼 ✏ Tre automobilisti chiedono la strada per Collodi. Guardi la cartina e indovini da quali città vengono.

una ventina di . . .	*about 20 . . .*
il bivio	*fork, turn-off*
l'autostrada	*motorway*

b ⚲ Con la stessa cartina, dia le indicazioni per Collodi a altri tre automobilisti che vengono da altre città.

Per chiedere la strada: Scusi, per andare a . . .?   Scusi, mi sa dire la strada per . . .?

Torinese dimentica la moglie in un'area di servizio

ROMA – Lunghe code in autostrada, lunghe code alle stazioni di servizio per fare benzina e prendere un caffè. Sono molti gli automobilisti stanchi. E forse è proprio per stanchezza che un automobilista torinese ha semplicemente 'dimenticato' la moglie a una stazione di servizio. Infatti, dopo una breve pausa per fare benzina, l'automobilista è risalito in macchina ed è ripartito con i figli per andare in vacanza – e non si è accorto di aver perso un passeggero. Solo dopo una sessantina di chilometri ha notato l'assenza e si è rivolto alla polizia stradale per chiedere aiuto. La polizia in un batter d'occhio ha restituito la signora alla sua famiglia.

a 📖 ✏ Trovi queste parole nel testo. Che significano in inglese?
Lavori con un compagno, poi controlli con il vocabolario a pagina 195.

la coda
dimenticare
la stazione di servizio
stanco/a
la stanchezza
accorto (accorgersi)
perso (perdere)
si è rivolto a (rivolgersi)
chiedere aiuto
in un batter d'occhio

per + infinito	(in order) to . . .

b 👥 Perché? Lo chieda all'automobilista torinese.

- Perché ci sono le code alla stazione di servizio?
- Perché ha dimenticato sua moglie?
- Perché ha fatto una pausa?
- Perché è ripartito?
- Perché si è rivolto alla polizia stradale?

D Che tempo fa?

(16) Fa caldo o
fa freddo?

a 📖 ✏️ 📼 Ascolti e
scriva la temperatura solo
delle città che vede sulla
cartina.

b 👥 Fatevi le domande:

Qual è la città più fredda
  oggi?
È nel nord o nel sud?
Qual è la città più calda?
Si trova nell'Italia
  settentrionale (nord),
  meridionale (sud)
  o centrale?
Quanti gradi ci sono a
  Venezia?
Fa più caldo a Roma o
  a Cagliari?
Fa più freddo a Milano o
  a Bari?

la città più calda	*the warmest town*	settentrionale	*northern*
il paese più freddo	*the coldest country*	meridionale	*southern*

A Palermo ci sono 25 gradi:
fa caldo.

All'Aquila ci sono 8 gradi:
fa freddo.

Che caldo!

Che freddo!

(17)  Fa bel tempo, fa brutto tempo

Per ogni foto, scriva che tempo fa.

 Piove

 Nevica

 C'è il sole/È sereno

 C'è nebbia

 C'è vento

1

2

3

4

5

Sulle coste del Mediterraneo

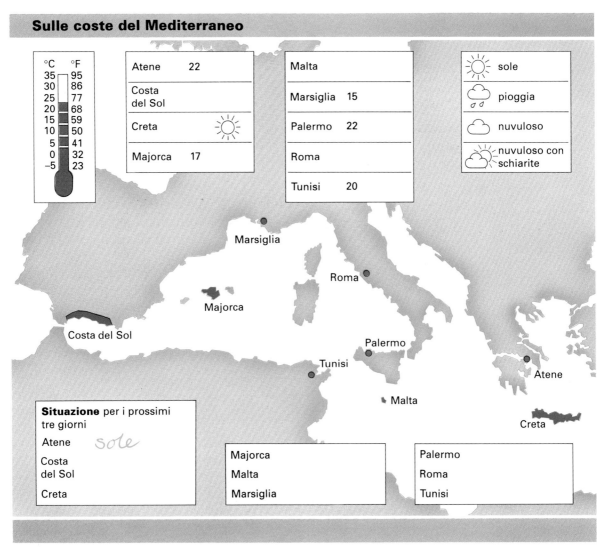

°C	°F
35	95
30	86
25	77
20	68
15	59
10	50
5	41
0	32
–5	23

Atene	22
Costa del Sol	
Creta	
Majorca	17

Malta	
Marsiglia	15
Palermo	22
Roma	
Tunisi	20

☀	sole
☁	pioggia
☁	nuvoloso
⛅	nuvoloso con schiarite

Situazione per i prossimi tre giorni

Atene   *sole*

Costa del Sol

Creta

Majorca
Malta
Marsiglia

Palermo
Roma
Tunisi

---

a ♟♟
Studente A: Chieda a Studente B le informazioni per completare la cartina. Scriva simboli e temperature.
Cominci così: 'Com'è il tempo sulla Costa del Sol? C'è il sole? Quanti gradi ci sono?'
Studente B: pagina 236

b ✎ La situazione per i prossimi tre giorni è stabile.
Guardi i simboli e scriva la parola giusta per ogni posto.

(19) a  Da quali località sul Mediterraneo vengono queste cartoline?

Pioggia, pioggia e ancora pioggia. Piove da 3 giorni, fa piuttosto freddo e abbiamo tutti il mal di gola.
Che vacanza! Non vedo l'ora di tornare in Italia.
Ciao
Giulio

Non è un paradiso?
I colori sono straordinari, il sole brilla e non c'è una nuvola! Ieri abbiamo fatto il bagno qui e vi abbiamo pensato.
Domani partiamo.
Pina e
mimmo.

b
Studente A: Scriva una cartolina a Studente B da una località sul Mediterraneo, ma senza dire quale.
Studente B: Guardi la cartina del tempo (pagina 191) e indovini da dove viene.

(20) Che tempo farà?

a Ascolti le previsioni per il weekend e decida: la cartina del tempo è per sabato o per domenica?

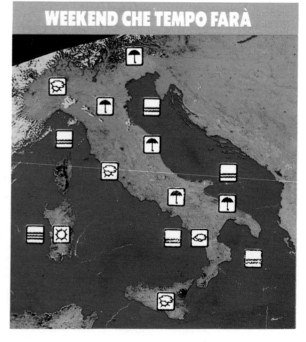

WEEKEND CHE TEMPO FARÀ

Avete notato?

Il futuro:

ci **sarà** sole   *(singolare)*
ci **saranno** schiarite   *(plurale)*

farà caldo
il tempo **cambierà**

sarà	farà	cambierà
saranno	faranno	cambieranno
(essere)	(fare)	(cambiare)

MARI calmo   mosso   agitato   cielo molto nuvoloso

 cielo nuvoloso con schiarite   nebbia   sole   pioggia   neve

b 📼 🖉 Riascolti e completi: **sì** o **no**?

	Nuvoloso	**Pioggia**	**Sereno/Sole**	**Schiarite**	**Nebbia**	**Neve**
Sabato						
Domenica						

(21) 🖉 ♨♨♨ Che tempo farà domani?
Scriva le sue previsioni.

Esempio: Domani a Londra farà caldo, ci saranno 20 gradi e ci sarà vento.

Chieda agli altri. Quanti hanno previsto lo stesso tempo?

Grammatica

1   che *(that, which, who, whom)*

la persona **che** viaggia	*the person who's travelling*
i passeggeri **che** aspettiamo	*the passengers whom we are waiting for*
il carrello **che** porta le valige	*the trolley that takes the suitcases*
il bagaglio **che** porto	*the luggage (that) I'm carrying*

2   per . . . *(in order to . . .)*

per + infinito
per chiedere aiuto   *to ask for help*

3   Il futuro

sarà	farà	cambierà	*(3rd sing.)*
sar**anno**	far**anno**	cambier**anno**	*(3rd plur.)*

ci sarà	*there will be (one thing)*
ci saranno	*there will be (several things)*

4   Il passato prossimo: essere o avere?

(Veda pagina 145 no. 1)

Verbi con **avere**	Verbi con **essere**
	andare
lasciare	arrivare
prendere (*preso)	durare
russare	essere (*stato/a)
trovare	fermarsi
viaggiare	partire
	rimanere (*rimasto/a)
	riuscire

* participio passato irregolare

Esempi: Abbiamo preso l'aereo.
              Il viaggio è durato due ore.

Vocabolario

All'aeroporto	At the airport
l'autonoleggio	car rental
la borsa da viaggio	travel bag
il carrello	trolley
il controllo di sicurezza	security check
la dogana	customs
l'imbarco	boarding
il ritiro bagagli	baggage claim
l'uscita	gate
la valigia	suitcase
il volo	flight
a bordo	on board
consegnare	to check in (luggage)
ritirare	to collect, pick up

Alla stazione	At the station
un biglietto di sola andata/di andata e ritorno	single/return ticket
il binario	platform
l'orario	timetable
la riduzione	reduction
cambiare	to change
durare	to last
fermarsi	to stop
partire	to leave
riuscire a	to manage to
russare	to snore
viaggiare	to travel

La macchina	The car
l'automobilista (m or f)	motorist
la benzina	petrol
i buoni turistici	tourist petrol tokens
la gomma	tyre
la patente	driving licence
l'utilitaria	economy car
comodo/a	comfortable, convenient
economico/a	cheap
normale	2-star
rumoroso/a	noisy
senza piombo	unleaded
super	4-star
utile	useful
chiedere la strada	to ask the way
diventare/a pigro	to become lazy
fare benzina	to get petrol
fare il pieno	to fill the tank
guidare	to drive

inquinare	to pollute
rovinare	to ruin

Articolo: Torinese dimentica	Article: Man from Turin forgets
accorgersi (accorto)	to realise
l'area/la stazione di servizio	service area
dimenticare	to forget
(fare) la coda	(to) queue
in un batter d'occhio	in a split second
perdere (perso)	to lose
rivolgersi (rivolto) a	to turn to
la stanchezza	tiredness
stanco/a	tired

Il tempo	The weather
fa bel tempo	the weather is fine
fa brutto tempo	the weather is bad
fa caldo	it's hot
fa freddo	it's cold
nevica	it's snowing
minimo/a	lowest
nuvoloso/a	cloudy
previsto/a	expected, forecast
meridionale	southern
occidentale	western
orientale	eastern
settentrionale	northern
la nebbia	fog, mist
la pioggia	rain
le previsioni	forecast
la temperatura	temperature
la schiarita	sunny spell
il vento	wind

Espressioni utili *Useful expressions*

cambierà	*it will change*
che ne pensi?	*what do you think (about it)?*
che caldo (fa)!	*how hot (it is)!*
che tempo fa?	*what's the weather like?*
che tempo farà?	*what will the weather be like?*
è in orario	*it's on time*
è in ritardo di dieci minuti	*it's ten minutes late*
a causa di	*because of*
invece che	*instead of*

è sereno	*there's clear weather*
il sole splende	*the sun is shining*
mari mossi	*choppy seas*
muoversi	*getting around*
secondo me	*in my opinion*
ma	*but*
perciò	*therefore, and so*
però	*however*
non . . . ancora	*not . . . yet*

in vacanza

Talking about holidays (present, past and future)
Contradicting and denying
Choosing a holiday
Describing situations in the past
Making plans for the future

- 📖 Dove le piacerebbe andare in vacanza?
  Al mare, ai laghi, in montagna o in campagna?

- 💬 Dica perché.
  Esempio: Perché c'è sempre il sole, è un posto tranquillo.

scenario stupendo	pace	allegria
gente simpatica	posto tranquillo	
molto sport	posto pieno di vita	
molto verde	sempre il sole	
natura ancora intatta		
molti club e discoteche	cibo buono	

le piacerebbe ...?
would you like ...?

- 🚶🚶🚶 Chieda agli altri del gruppo.

A Che cosa c'è da fare?

1 ✏ In vacanza si può . . . Unisca attività e illustrazioni.
(Attenzione: ci sono tre attività in più.)

1 pescare
2 nuotare/fare il bagno
3 fare windsurf o vela
4 andare a ballare
5 andare a cavallo
6 leggere
7 andare in bicicletta
8 prendere il sole/abbronzarsi
9 mangiare cose nuove
10 fare passeggiate
11 visitare un museo

2  Armando racconta che cosa fa di solito (*usually*) in vacanza.

un po' di . . .	*a bit of*
la spiaggia	*the beach*
la lettura	*reading*
uno spuntino	*a snack*
molto da fare	*a lot to do*

a A che ora si alza Armando?
Cosa beve la mattina?
Cosa fa la sera?
Quali sono le sue attività preferite?

b E lei che cosa fa di solito in vacanza? Chieda agli altri.

3 **a** Flavia racconta che cosa ha fatto questa estate (*last summer*) in vacanza. Completi la scheda.

delle traduzioni **da** fare	
(*translations to do*)	
dei libri **da** leggere	
(*books to read*)	
delle cose **da** ricercare	
(*things to research*)	
delle cose **da** fare	
(*things to do*)	

Dove . . . .
Quando . . . .
Per quanto tempo . . . .
Con chi . . . .
Attività . . . .
Aspetti positivi . . . .

b Riascolti. Che differenze ci sono tra la vacanza di Armando e quella di Flavia? Usi **mentre** e **invece**.

c E lei che vacanza ha fatto?
Dove è stato/a? Che cosa ha fatto di bello?
Copi e completi la scheda per sé e per un altro studente. Che differenze ci sono?

Per raccontare al passato:

l'anno		
il mese		
l'estate		scorso/a
la settimana		

Per indicare differenze:

mentre	*while*
invece	*instead, on the other hand*

B Scegliere una vacanza

(4) All'Agenzia Mediterraneo

a ✎ Pensi a una vacanza che vorrebbe *(you would like)* fare in Italia. Prenda nota: **dove** vuole andare, **con chi, quando, per quanto tempo, l'alloggio** (albergo/pensione/casa in affitto).

b ♟♟
Studente A: Vada all'agenzia. Usi le sue note di **a**.
Studente B: pagina 236

Scambiatevi i ruoli.

(5) **a** ✎ **In crociera.** Ascolti la pubblicità e decida se si riferisce a Crociera 1 o Crociera 2.

b 🗨 Quando si parte da Genova? Che cosa si fa a Malta? Quanto dura la visita a Pompei? Guardate i programmi e continuate con cinque domande per uno *(each)*.

c 📖 ✎ Legga il programma delle escursioni (pagina 201) e decida quali attività le interessano di più. Scelga la sua crociera e decida la data della partenza e con chi andare.

d ♟♟
Studente A: Vuole sapere i prezzi della Crociera 1. Prenda appunti. Cominci lei.
Studente B: pagina 237
Scambiatevi i ruoli per crociera 2.

e ♟♟
Studente A: questa pagina
Studente B: pagina 237

Sua moglie/Suo marito preferisce l'altra crociera: Legga 'Veramente tutto compreso' e la/lo convinca a venire con lei: 'Nella mia crociera c'è . . . Si può . . . La sera . . . ' ecc.

| tutto compreso | *everything included* |

1
SPAGNA MAJORCA TUNISIA SICILIA CAPRI
7 giorni

Giorno	Visita	Arr.	Par.
Sabato	GENOVA	9,00	16,30
Domenica	BARCELLONA	15,30	22,00
Lunedì	PALMA DI MAJORCA	07,00	13,00
Martedì	TUNISI (Cartagine)	14,30	19,00
Mercoledì	MALTA	10,30	24,00
Giovedì	CATANIA (Taormina)	8,00	17,00
Venerdì	CAPRI o NAPOLI	7,00	12,30
Sabato	GENOVA	9,00	–

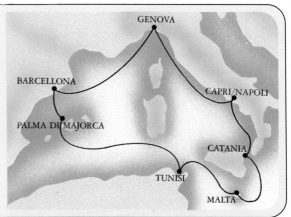

2
CORSICA GOLFO DI NAPOLI
3 giorni

Giorno	Visita	Arr.	Par.
Lunedì	GENOVA	11,00	16,30
Martedì	AJACCIO (Corsica)	7,00	12,00
Mercoledì	CAPRI/ NAPOLI	7,00	12,30
Giovedì	GENOVA	9,00	–

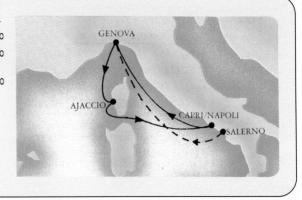

ESCURSIONI

AJACCIO	visita della città e Golfo	(mezza giornata)
BARCELLONA	visita della città	(mezza giornata)
CAPRI	giro dell'isola e Grotta Azzurra	(mattino)
MALTA	visita a La Valletta	(mezza giornata)
	Circuito preistorico	(mezza giornata)
NAPOLI	Pompei	(mezza giornata)
PALMA	Visita della città	(mezza giornata)
	Grotte del Drago	(mezza giornata)
TUNISI	Rovine di Cartagine, Casbah	(mezza giornata)

VERAMENTE TUTTO COMPRESO!

- Prima colazione
- Pranzo con menù alla carta
- Tè pomeridiano con pasticcini
- Vino in caraffa durante i pasti
- Cocktail di benvenuto del comandante
- Due pranzi di gala durante la crociera
- Spettacolo tutte le sere

6 Com'è andata? (*How did it go?*)

Carissima Anna Maria,
siamo partiti sabato da Genova e la crociera va benissimo. Il tempo è una meraviglia e ci sono sempre mille cose da fare. Io infatti mi sto divertendo un mondo. Mio marito invece non si diverte per niente! Io voglio fare tutto, lui non vuole fare niente. Io parlo con tutti, lui non parla con nessuno. Io vado dappertutto – lui non va da nessuna parte. Io esco sempre la sera, lui non esce mai, resta in cabina. Pensa, a Cartagine tutti sono scesi a vedere le rovine e lui è rimasto a bordo! Insomma, che noia! La prossima volta vengo da sola. Anzi, vieni tu con me. Intanto scrivimi e raccontami com'è andata la vostra crociera. Noi domani siamo di nuovo a Genova.
Ciao, a presto!
Claudia.

a Trovi i contrari.

tutto	–	niente
tutti	–	. . .
sempre	–	. . .
. . .	–	da nessuna parte
un mondo	–	. . .

b Povera Claudia, suo marito è così noioso! Completi le frasi.

Per tutta la crociera non ha voluto . . .
Non ha parlato . . .
Non è andato . . .
Non è uscito . . .
Insomma, non si è . . .
mentre lei si è divertita un mondo.

Avete notato?

non vuole fare **niente**	(*nothing*)
non parla con **nessuno**	(*no one*)
non va **da nessuna parte**	(*nowhere*)

7 **La gelosia**
Risponda negando tutto. (*Deny everything.*)

A Ieri sei andata al cinema, vero?
B Non è vero! Non sono andata da nessuna parte.
A Ma non mi hai detto un minuto fa che hai visto 'Il Gattopardo'?
B . . . .
A Ti ho visto con Mario al bar alle 5.
B . . . .
A E gli hai dato anche un bacio.
B . . . .
A Sei una bugiarda! Non dici mai la verità.
B . . . .

8 Lei è Anna Maria. La sua crociera è finita. Risponda alla lettera di Claudia raccontando com'è andata. Dia tre esempi di quello che lei e suo marito avete fatto: lei è molto pigra e suo marito molto dinamico.

C Al campeggio

CAMPEGGIO COSTA D'ARGENTO

Nel cuore della maremma toscana. A 1 km dal mare. Aperto tutto l'anno.

Nel campeggio
- tende
- roulotte
- camper
- bungalows

I servizi igienici
- docce con acqua calda
- lavabi per stoviglie e biancheria

Per bambini
- piscina
- giochi elettronici
- equitazione
- ping pong
- lezioni di tennis

La sera
- discoteca
- proiezione film
- sala tv
- servizio babysitter fino alle 24,30

Per mangiare
- Bar/Caffè (dalle 6,00 alle 24,00)
- Pizzeria (dalle 11,00 alle 24,00)
- Supermercato (dalle 9,30 alle 13,00) (dalle 16,00 alle 20,00)

Prezzi
- tenda   10.000
- roulotte   15.000
- a persona   6.000
- bambini: fino a 6 anni gratis

Lo sport
- tennis
- bocce
- escursioni a cavallo
- piscina
- ping pong

(10) Una vacanza sotto la tenda

Signora Marini Barbara 5 anni	Luciano e Anna Maria Rossi	Marisa e Guido Giusti Pina 4 anni/Marco 10 anni
I settimana 1–7 luglio	3 settimane dal I° agosto	I mese agosto
tenda per due	roulotte	tenda per 4
ristorante	negozio ristorante (la sera)	negozio ristorante (a pranzo)
piscina (bambini) lezioni tennis (bambini)	piscina tennis escursioni a cavallo	piscina (bambini) tennis (bambini) ping pong (bambini)
discoteca babysitter	discoteca	discoteca film babysitter

a ✎ Usando le informazioni sul campeggio (Attività 9) e sulla signora Marini, completi il dialogo.

Direttore	Buongiorno. Dica signora.
Signora Marini	Buongiorno. Vorrei una tenda . . . . . , per favore.
Direttore	Per quanti giorni?
Signora	. . . . . C'è un ristorante nel campeggio?
Direttore	No, signora, mi dispiace. C'è un bar sempre aperto e c'è una pizzeria aperta . . . .
Signora	C'è un negozio, un mercato?
Direttore	C'è un piccolo . . . . aperto . . . .

Signora	E per i bambini cosa c'è?
Direttore	. . . .
Signora	Ah bene. Per gli adulti la sera c'è qualche attività?
Direttore	Sì, ...
Signora	C'è un servizio di babysitter?
Direttore	Sì, ...
Signora	Quanto viene la tenda? E a persona?
Direttore	. . . .
Signora	I bambini hanno riduzioni?
Direttore	

b ⅃ Fate i dialoghi per Luciano e Anna Maria e per la famiglia Giusti.

🔲 📖 La vacanza di Laura
Ascolti e legga.

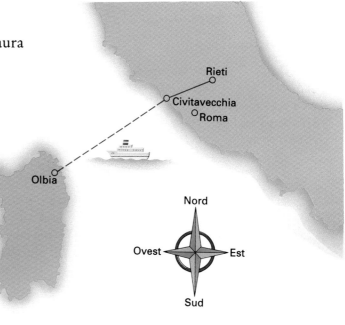

Giuliana	Mi puoi descrivere questa lunga vacanza . . . , dove sei andata, con chi, come . . . ?
Laura	Siamo andate in Sardegna, eravamo sei ragazze, io e altre cinque amiche, e sette ragazzi, tutti amici. Siamo partiti insieme da Rieti; abbiamo preso il treno fino a Civitavecchia e poi il traghetto. Siamo arrivati a Olbia e siamo andati in campeggio. Abbiamo piantato le tende e siamo rimasti una quindicina di giorni.
Giuliana	Il posto com'era?
Laura	Il posto era bello, come mare era molto bello . . .
Giuliana	E il campeggio?
Laura	Il campeggio era abbastanza carino . . . era proprio sul mare, quindi era comodo.

Giuliana	C'erano tutti i servizi, cioè i negozi di alimentari . . . ?
Laura	No, quello no, anche perché il campeggio stava a 1 km dal paese, quindi . . . e potevamo andare direttamente a comprare.
Giuliana	Ma che c'era in questo campeggio di utile?
Laura	C'era il ristorante . . .
Giuliana	Una piscina?
Laura	Be' no, perché appunto c'era il mare proprio . . . e poi ovviamente le docce, i bagni per lavare . . . le stoviglie.
Giuliana	Ma il tempo com'era? Era caldo?
Laura	Sì, era caldo, però tirava abbastanza vento, quindi si stava bene anche in spiaggia, perché era ventilato.

una quindicina	*about 15*
il paese	*village*
ventilato	*breezy*

➡

Avete notato?

Per descrivere al passato:

era bello   *it was beautiful*
c'erano   *there were*
stava a 1 km da   *it was 1 km from*
potevamo andare   *we could go*
tirava vento   *it was windy*

a ✎ Completi.

Cosa hanno fatto?
. . . . . in Sardegna.
. . . . . da Rieti.
. . . . . prima il treno, poi il traghetto.
. . . . . a Olbia.
. . . . . in campeggio.
. . . . . circa 15 giorni.

Com'era?
Il posto . . . . . bello.
Il mare . . . . . bello.
Il campeggio . . . . . carino.
           . . . . . sul mare.
           . . . . . comodo.
           . . . . . a 1 km dal paese.
Il tempo com' . . . . . ?
. . . . . caldo.
. . . . . ventilato.

b ♟♟ ✎ Scriva le domande sulla
vacanza di Laura e le faccia a un compagno.

Esempi: Dove sono andati? Sono andati in
        Sardegna.
        Com'era il posto? Il posto era
        bello.

(12) ♟♟ Chieda al compagno dove
       ha passato la sua ultima vacanza.
Chieda com'era il posto e com'era il tempo.

D Che farà l'estate prossima?

<table>
<tr><td colspan="2">Avete notato?</td></tr>
<tr><td>andrò</td><td>I shall go</td></tr>
<tr><td>andremo</td><td>we shall go</td></tr>
<tr><td>tornerò</td><td>I shall go back</td></tr>
<tr><td>mi spingerò a</td><td>I shall go as far as</td></tr>
<tr><td>sarà</td><td>it will be</td></tr>
</table>

- Con chi farà il viaggio Emilia?
- Quanti giorni starà in Inghilterra?
- Perché andrà a Edimburgo?
- Dove andrà al mare?

Giuliana	L'anno prossimo che programma ha per le vacanze?
Emilia	Penso che prima andrò, anzi tornerò in Inghilterra con mia figlia e starò una diecina di giorni. Da Londra mi spingerò penso a Edimburgo, se sarà possibile, in Scozia, perché la parte meridionale dell'Inghilterra la conosco bene, quindi andremo penso verso il nord, verso la Scozia.
Giuliana	E poi il mare . . .
Emilia	Poi al mare penso che andremo in Spagna, facendo una visita prima ad alcune città, Granada, Toledo . . . e poi fermandoci sulla costa meridionale. Penso che sarà una vacanza piuttosto divertente, piacevole e un po' diversa.

⑭ ✎ ◯ 'L'anno scorso sono andata al sud, l'anno prossimo andrò al nord.'

Continui con:

campeggio – albergo
Grecia – Spagna
treno – aereo
da sola – amici

15 ✎ Finisca le frasi con l'espressione giusta.

> quindi = perciò = *therefore*

Quest'anno vogliamo vedere un paese nuovo,	quindi andremo in montagna.
Quest'anno vogliamo riposarci,	quindi andremo al mare.
Quest'anno vogliamo prendere tanto sole,	quindi andremo in campagna.
Quest'anno vogliamo fare lunghe passeggiate,	quindi andremo in Spagna.

Per dire cosa si farà nel futuro:

	arriv**are**	prend**ere**	part**ire**
(io)	arriv**erò**	prend**erò**	part**irò**
(noi)	arriv**eremo**	prend**eremo**	part**iremo**

ma   andare: andrò, andremo (irregolare)

---

16 ✎ ◯ **Per casa.** Cosa farà lei questa estate?

Questa estate farò	una vacanza un giro un viaggio	di	qualche giorno due settimane dieci giorni un mese	in Italia. al mare. in montagna. in campagna.

Partirò	il 15 luglio fra un mese fra due settimane i primi di agosto	e andrò	in treno. in aereo. in macchìna.

Mi fermerò	due giorni qualche giorno un giorno	a	Parigi Roma ecc.	e starò	in una pensione. in un albergo. a casa di amici. in un campeggio.

Poi andrò	nel sud in Toscana sulla costa al mare in campagna	dove	prenderò il sole. mi riposerò. studierò. incontrerò amici.	Tornerò	a metà settembre. alla fine di luglio. ai primi di . . .

Grammatica

1 Passato e futuro

la settimana	
l'estate	scorso/a (passato)
il mese	prossimo/a (futuro)
l'anno	

2 Frasi negative

Attenzione: ci sono due negazioni.

non capisco **niente**	(nothing)
non ho visto **nessuno**	(nobody, no one)
non sta da **nessuna parte**	(nowhere)

Nessuno è anche aggettivo: nessun(a)

3 Il futuro

arriv**are**	prend**ere**	part**ire**
arriv**erò**	prend**erò**	part**irò**
arriv**erai**	prend**erai**	part**irai**
arriv**erà**	prend**erà**	part**irà**
arriv**eremo**	prend**eremo**	part**iremo**
arriv**erete**	prend**erete**	part**irete**
arriv**eranno**	prend**eranno**	part**iranno**

essere (irregolare)	andare (irregolare)
sarò	andrò
sarai	andrai
sarà	andrà
saremo	andremo
sarete	andrete
saranno	andranno

4 L'imperfetto

Si usa per descrivere al passato.

visit**are**	pot**ere**	fin**ire**
visit**avo**	pot**evo**	fin**ivo**
visit**avi**	pot**evi**	fin**ivi**
visit**ava**	pot**eva**	fin**iva**
visit**avamo**	pot**evamo**	fin**ivamo**
visit**avate**	pot**evate**	fin**ivate**
visit**avano**	pot**evano**	fin**ivano**

essere (irregolare)

ero		
eri		
era	c'era	(there was)
eravamo	c'erano	(there were)
eravate		
erano		

Vocabolario

Le vacanze — *Holidays*

la crociera	*cruise*
il pacchetto-vacanze	*package holiday*
la spiaggia	*beach*
carino/a	*nice*
soleggiato/a	*sunny*
ventilato/a	*breezy*
andare/essere in vacanza	*to go/be on holiday*
prenotare	*to book*
spingersi fino a	*to go as far as*
ai laghi	*to/at the lakes*
al mare	*to/at the seaside*
in campagna	*to/in the countryside*
in montagna	*to/in the mountains*

Attività — *Activities*

abbronzarsi	*to get tanned*
andare a ballare	*to go dancing*
andare a cavallo	*to go riding*
fare il bagno (al mare)	*to go for a swim (in the sea)*
pescare	*to fish*
prendere il sole	*to sunbathe*
le bocce	*bowls*
l'equitazione	*horse-riding*
i giochi	*games*

Avverbi — *Adverbs*

dappertutto	*everywhere*
di solito	*usually*
invece	*instead*

Al campeggio — *At the campsite*

la biancheria	*linen*
il lavabo	*washbasin*
la roulotte	*caravan*
i servizi	*facilities*
le stoviglie	*dishes*
la tenda	*tent*
il traghetto	*(ferry)boat*

Espressioni utili — *Useful expressions*

com'è andata?	*how did it go?*
mentre	*while*
quindi	*therefore*
sei un/una bugiardo/a	*you're a liar*
tutto compreso	*everything included*
una quindicina	*about fifteen*

ripasso 2

Attenzione: Le istruzioni in questo
capitolo sono date con il **tu**.

• Ecco in inglese le cose
principali che abbiamo imparato a fare
nelle lezioni 8–13. Per ogni frase in
inglese trovane una in italiano.

A *Buying clothes*
B *Ordering a meal*
C *Inviting someone out*
D *Talking about what you have been doing*
E *Talking about and predicting the weather*
F *Making plans (future)*
G *Giving instructions (formal/informal)*
H *Asking and saying what hurts*
I *Giving advice*
J *Making comparisons*
K *Buying tickets*
L *Getting travel information*
M *Making an appointment*
N *Describing what people are doing*
O *Hiring a car*
P *Expressing your opinion*

1 Prendo la taglia 46.
2 60.000 al giorno inclusa la benzina.
3 Sabato siamo andati in campagna.
4 Domani il cielo sarà coperto.
5 Secondo me è un bel film.
6 A giugno andrò in Sicilia.
7 Per me cotolette e patatine.
8 Alza le braccia sopra la testa.
9 Prenda queste aspirine.
10 Ho un brutto mal di testa.
11 Il tennis è più faticoso dello sci.
12 Vorrei due biglietti di andata e ritorno.
13 L'aereo delle 9,05 è in orario.
14 Allora ci vediamo all'Uscita 8.
15 Sta telefonando.
16 Andiamo al cinema.

• Per ogni esempio, trova la
domanda e chiedi al compagno.

A Giochi di parole

①  Con che fa rima?
(What does it rhyme with?)

- Sta sopra il collo e le spalle e fa rima con festa.
- È bianca, viene d'inverno e fa rima con beve.
- Ci arrivano i treni e fa rima con nazione.
- Chiude la stanza e fa rima con torta.
- È l'amico dell'uomo e fa rima con pane.
  Ora controlla con la cassetta.

② Fai le coppie.

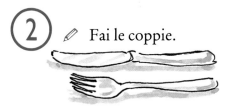

Esempio: forchetta e coltello

partire	vendere
gonna	tornare
estate e	inverno
forchetta	camicetta
comprare	coltello

Buon Natale e Buon Anno

Buon Natale	buon riposo
buon viaggio	buon appetito
buona notte e	buon divertimento
buon pranzo	Buon Anno
buona serata	buone vacanze

③ Di che è fatto?
Metti nella categoria giusta con l'articolo:

> matita *(pencil)*   coltello   armadio
> finestra   bicchiere   sedia
> pentola *(pan)*   specchio *(mirror)*
> fiammiferi *(matches)*   macchina
> vasetto   bicicletta   orecchini
> occhiali   albero

Sono fatti di legno: *la matita*

Sono fatti di metallo:

Sono fatti di vetro:

B Leggere

4 a Prima di leggere, guarda i titoli. Di che parlano gli articoli?

b Leggi velocemente e decidi quale articolo non ha a che fare con gli altri *(which is the odd one out).*

c Hai tre minuti per trovare il titolo di ogni articolo.

A

SALVATA UNA TARTARUGA MARINA FINITA IN LAGUNA
Il Gazzettino, 5 agosto 1988

B

HANNO RAPITO IL PITONE GIOVANNI!
Oggi, 12 settembre 1987

C

GOLOSI SACCHEGGIANO UNA PASTICCERIA
Il Messaggero, 17 agosto 1990

D

TRENO BLOCCATO DA UN FAGIANO
La Repubblica, 6 settembre 1989

la tartaruga marina	*turtle*
il pitone	*python*
il/la goloso/a	*glutton*
il fagiano	*pheasant*

1 San Giovanni Valdarno. Un fagiano ha fatto fermare il diretto numero 3311 Firenze–Roma rompendo il parabrezza e ferendo il macchinista. È successo ieri mattina vicino a San Giovanni. Il macchinista, Nicola Verde, di 29 anni, residente a Prato, è rimasto ferito alla testa e ha dovuto fermare il treno alla prima stazione, dove è stato cambiato il locomotore. L'uomo è stato medicato all'ospedale dove è stato dichiarato guaribile in pochi giorni.

fermare	*to stop*
il parabrezza	*windscreen*
rompere	*to break*
ferire	*to wound*
il macchinista	*driver*
ferito	*wounded*
il locomotore	*locomotive*
guaribile	*curable*

2 VENEZIA. Insolita scoperta in un canale. Mentre navigava nella laguna domenica mattina, un pescatore ha notato che una tartaruga di grandi dimensioni era impigliata tra le alghe e stava morendo. Senza perdere un attimo di tempo, l'uomo ha liberato l'animale, l'ha caricato a bordo e l'ha consegnato alla Capitaneria di porto. La tartaruga è stata curata e in serata stava già meglio.

il pescatore	*fisherman*
impigliato/a	*trapped, entangled*
liberare	*to free*
meglio	*better*

3 RIETI. Per fare una scorpacciata di dolci e gelati cinque ragazzi hanno saccheggiato ieri notte una pasticceria a Poggio Mirteto, in provincia di Rieti, a un centinaio di metri dalla caserma dei carabinieri: i carabinieri di guardia, vedendo il negozio aperto di notte, sono andati a dare un'occhiata e hanno sorpreso la banda dei golosi mentre portava via due scatole di paste e di torte gelate.

la paura	*fear*
fare paura a qualcuno	*to scare someone*
fare male a qualcuno	*to hurt someone*

4

Chissà dov'è Giovanni? È sparito all'improvviso da casa sua la settimana scorsa. L'hanno chiamato, l'hanno cercato dappertutto, hanno anche chiamato la polizia, ma senza risultato. Forse l'hanno rapito. Giovanni è un pitone di due metri e più, può fare paura ma è buonissimo. «Da quando l'ho portato a casa tre anni fa – dice Basilio Gaspari, padre di due bambine di sei e dodici anni – ha sempre girato libero per casa e non è mai uscito dal giardino. Passava il tempo sul balcone a prendere il sole e a giocare con le bambine. Non ha mai fatto male a nessuno.»

fare una scorpacciata di	*to stuff oneself with*
saccheggiare	*to rob*
i carabinieri	*police*
dare un'occhiata	*to have a look*

d Com'è andata a finire?
Scegli la fine (*ending*) per ogni storiella.

A Dopo 24 ore di riposo, sarà rimessa in libertà in alto mare.

C I circa 150 passeggeri sono stati fatti salire su un altro treno diretto a Roma.

B È stato trovato addormentato sul sedile posteriore della macchina del padrone.

D Li hanno arrestati ma li hanno rimessi in libertà subito dopo: uno di loro era il figlio del padrone.

e Ora racconta/scrivi una storiella di animali che conosci.

5 La strana vacanza di D.H.Lawrence a Picinisco

a Legga.

D.H.Lawrence è nato l'11 settembre 1885 a Eastwood, Nottingham. Ha viaggiato a lungo in Italia, Messico e America. È morto nel 1930. È diventato famoso per lo scandalo seguito alla pubblicazione del romanzo *L'amante di Lady Chatterley* (1928).

Gli ultimi tre capitoli di un romanzo del grande scrittore inglese *(The Lost Girl, La Ragazza Perduta)* sono ambientati in questo paese che si chiama in realtà Picinisco e dove Lawrence ha soggiornato nel 1919.

Picinisco si trova ai margini del Parco Nazionale d'Abruzzo, immerso in una natura ancora incontaminata proprio come ai tempi di Lawrence. Ancora oggi qui si possono fare interessanti passeggiate e escursioni sulle montagne.

Il villino di Orazio Cervi dove Lawrence è rimasto per circa due settimane è in piena campagna, a un paio di chilometri dal paese. Lawrence aveva conosciuto Orazio Cervi in Inghilterra, in casa di uno scultore dove faceva il modello: infatti a quei tempi quasi tutti i modelli che lavoravano a Londra venivano da quella zona, la Ciociaria.

b
- Chi era Orazio Cervi?
- Come mai Lawrence lo conosceva?
- Dove si trova Picinisco?
- In che anno ci è andato?
- In quali altri paesi è stato?

c 📖 Lawrence scrive così a un'amica:

16 dicembre 1919

Cara Rosalind,

il clima di Roma è così brutto che siamo venuti quassù. Sono posti straordinariamente primitivi. Per arrivare si deve attraversare il letto di un grande fiume . . .

La casa è composta al pianterreno da una cucina . . . al piano di sopra ci sono tre stanze da letto e un pavimento nudo. C'è solo un cucchiaino, un piattino, due tazze, un piatto, due bicchieri e tutte le pentole di terracotta. Ogni cosa dev'essere cucinata sul fuoco di legna nel camino. I polli girano per casa . . . Il paese dista due miglia e non c'è strada. Il mercato si trova a Atina, che dista cinque miglia: è davvero meraviglioso, pieno di costumi e di colori, e si può fare una buona spesa. Ci siamo andati ieri. In casa c'è sempre il latte, la carne e il vino si trovano facilmente e il pane lo devi fare . . .

Il sole splende caldo e piacevole ma le notti sono fredde e le montagne intorno sono coperte di neve, bellissime. Ma se il tempo diventerà brutto, dovremo andarcene. In questo momento un'emozione incredibile: ci sono le zampogne sotto la finestra e si sente un canto selvaggio, una specie di ballata, del tutto incomprensibile: una serenata di Natale. Ci sarà ogni giorno adesso, fino a Natale.

. . . Frieda ti saluta con affetto.

quassù	*up here*
il fuoco di legna	*open fire*
le zampogne	*bagpipes*

d ✎ Cosa direbbe Lawrence? *(What would Lawrence say?)* Scegli.

Che bel posto!
Che bella giornata!
Che cucina comoda!
Che freddo!
Che traffico caotico!
Che bei pomodori!
Che mare incantevole!
Che programma interessante!
Che gente elegante!
Che musica straordinaria!

e ✎ Forma le frasi giuste.

Per arrivare a Picinisco
Per andare al mercato
Per mangiare pane
Per andare al paese
Per dormire

si va al piano di sopra.
si fanno cinque miglia.
si cammina per due miglia.
si deve farlo in casa.
si attraversa il fiume.

f ♚♚ Ripassa tutto il materiale di/su Lawrence.

Studente A: Sei un amico italiano dei Lawrence. Telefona e chiedi come stanno, com'è il tempo, se si possono fare passeggiate, che cosa faranno domani. Dì che forse li andrai a trovare sabato.

Studente B: Sei Lawrence.

Cominciate così:
A Pronto, Herbert?
B Pronto, chi parla?
C Ciao, sono . . . Come va?

g ✎ Sei ospite *(guest)* dei Lawrence a Picinisco per qualche giorno prima di Natale. Scrivi una lettera a casa, parlando
1 del paesaggio
2 di una visita al mercato
3 della musica di Natale.

C Discutere

(6) ♟♟♟ Chi si salverà?

LA SITUAZIONE

Il vostro aereo è caduto nella foresta Amazzonica. Volete raggiungere un centro abitato. La vostra salvezza dipende da quali di questi oggetti sceglierete.

1 Una bottiglia di whisky

2 Trenta pacchetti di caramel...

3 Tre pezzi di specchio

4 Quattro scatole di s...

5 Due scatole di fiammiferi

8 Due paracaduti

7 Trenta metri di corda di nylon

6 Trenta razioni di cibo per bambini

13 Un salvagente automatico

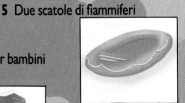

9 Un sedile

11 Un pugnale tipo Rambo

12 Una mappa stellare

15 Venti litri d'acqua

10 Dieci buste di latte a lunga conservazione

17 Cassetta per il pronto soccorso

18 Radio ricetrasmittente a energia solare

INFORMAZIONI

Clima: tropicale, molto caldo, molto umido.

Località: foresta tropicale, vegetazione fittissima (*extremely dense*): il cielo non si vede. La città più vicina si trova a almeno cento chilometri di distanza, ma non sapete in che direzione.

20 Un pezzo d'elica

19 Tre fucili

REGOLE

1 Ogni gruppo decide che cosa portare con sé. Si possono portare **dieci** oggetti al massimo.

2 Il gruppo discute l'utilità degli oggetti e ne scrive dieci in ordine di importanza (da 1, il più utile, a 10, il meno utile).

3 Il gruppo chiede a uno studente il punteggio di ogni oggetto scelto (pagina 238) e fa la somma.
Esempio: Quanto **vale** la bussola?
Quanto **valgono** gli specchi?

4 Controllate il risultato (a pagina 218) per vedere se il vostro gruppo si salverà.

14 Una bussola

16 Razzi da segnalazione

tagliare	*to cut*
disinfettare	*to disinfect*
legare	*to tie*
dare energia	*to give energy*
preparare un letto	*to make a bed*
combattere la disidratazione	*to stop dehydration*
difendersi	*to defend oneself*
orientarsi	*to find one's position*
mettersi in contatto con	*to get in touch with*
segnalare la posizione	*to signal one's position*

PRIMA DELLA DISCUSSIONE

a   Trova le coppie di contrari.

Verbi:

raggiungere	abbandonare	scegliere
portare	partire da	rifiutare

Aggettivi:

utile	leggero/a	inutile
	senza valore nutritivo	
comodo/a	pesante	nutriente
	scomodo/a	

b ✎ Fai i paragoni.

. . . è più . . . del/della . . .
. . . è meno . . . del/della . . .

Esempio: Il latte è più nutriente del whisky.

A turno, guardate gli oggetti e continuate con gli aggettivi di **a**.

c ✎ A che serve?
Prepara dieci frasi sugli oggetti nella giungla:

. . . è utile per (+ infinito)
. . . serve per/può servire per (+ infinito)
Con un . . . si può (+ infinito)

LA DISCUSSIONE

d 👤👤👤 Rileggete le regole.

Espressioni utili

Per attrarre l'attenzione:
Guarda/Guardate   *Look here*

Opinione:
Secondo me . . .	*In my opinion . . .*
Direi che . . .	*I would say that . . .*
È meglio (+ infinito)	*It is better to . . .*

Priorità:
prima di tutto	*first of all*
e poi	*then*

RISULTATO

Da 126 a 151 punti: Avete uno spiccatissimo *(very acute)* istinto di sopravvivenza e vi salverete certamente.

Da 101 a 125 punti: Sapete valutare i pro e i contro e troverete la via giusta anche se con qualche difficoltà.

Da 76 a 100 punti: Avete bisogno di lezioni tattiche: rischiate di commettere grossi erori.

Da 55 a 75 punti: Siete quasi privi *(devoid)* di spirito di sopravvivenza e rischiate seriamente di rimanere nella giungla.

(7) Trasporti: Fatti e opinioni

a Studia la tabella.

economico/a	*cheap*
lavori in corso	*engineering works*
l'incidente *(m)*	*accident*
il carrello	*trolley*
l'ansia	*anxiety, worry*

	TRENO	AEREO	MACCHINA	BICICLETTA
COSTO	molto caro per una famiglia	il più caro di tutti	economica per famiglia	
COMODITÀ	viaggio con bagagli → stazione, piuttosto lento	viaggio → aeropqrto + check-in, poi veloce	porta → porta, ma problema del parcheggio	
PUNTUALITÀ	ritardi: lavori in corso	ritardi: scioperi, controlli, condizioni tempo	ritardi: traffico, incidenti	
RISTORO	carrozza ristorante + carrello/bar	si mangia male e poco	panini/bisogna fermarsi per mangiare	
STRESS	Prenotazione necessaria per posto sicuro, ma poi relax	non c'è tempo per rilassarsi, ansia	spazio ristretto, viaggio molto faticoso	
SICUREZZA (morti o feriti gravi per ogni miliardo di km)	3,5	0,4	71	

b 📖 ✏️ Aggiungi qualche informazione sulla bicicletta nella colonna vuota.

VIVA LA BICICLETTA!

Forse davvero la bicicletta deve essere usata molto di più! Pensateci un po'. Non inquina. Non crea problemi di traffico o ingorghi. Non presenta problemi di parcheggio. Permette di muoversi con facilità e offre un buon esercizio fisico adatto a tutti, vecchi e giovani. Usate dunque la bicicletta ogni volta che potete, soprattutto in campagna, ma anche in città. Attenzione, però: anche il ciclista ha dei doveri stradali!

l'ingorgo	*traffic jam*
il dovere	*duty*
stradale	*on/of the road*

c ✏️ Fai sei paragoni.

. . .	è	più	sicuro/a	del/	. . .
		meno	costoso/a	della	
			stressante	. . .	
			comodo/a		
			veloce		

d 👥 ✏️ Fatti o opinioni?
Scrivi F (fatto) o O (opinione) per ogni riquadro.

Scrivi 'Sono d'accordo' *(I agree)* o 'Non sono d'accordo' *(I disagree)* accanto alle opinioni.

Confronta con un compagno. È d'accordo?

e 📼 Ascolta e decidi quale mezzo di trasporto preferiscono queste due persone, e perché.

f 👥👥 Dovete scegliere 'Il trasporto ideale', cioè quello con più vantaggi e meno svantaggi.

Siete quattro tipi: un tipo dinamico, uno sedentario, uno sportivo e un 'verde'.

Ognuno sceglie il suo mezzo di trasporto senza dirlo agli altri, e scrive tre vantaggi.

Uno studente apre la discussione: 'Secondo voi, qual è il mezzo di trasporto del futuro?'

Espressioni utili

Sono d'accordo con te.
Hai ragione.
Secondo me non è vero.
Non so.

8 📖 ⅃⅃ Quanto ci vorrà nel duemila? *(How long will it take in the year 2000?)*

A turno, fatevi le domande.

sempre più	*more and more*
sempre meno	*less and less*

2000 VERSO IL

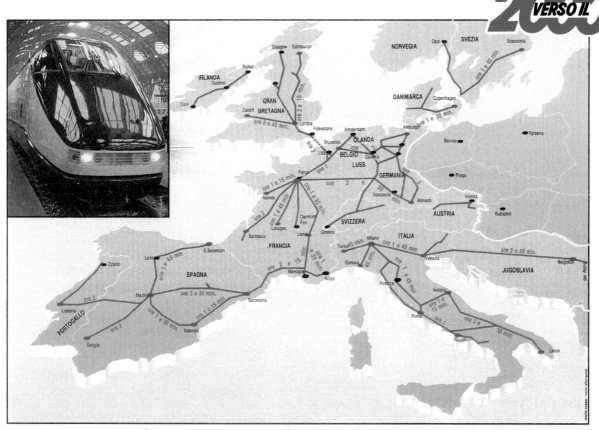

UN'EUROPA SEMPRE PIÙ PICCOLA E SEMPRE PIÙ UNITA
Con la diffusione dei treni a grande velocità (nel riquadro, l'ultimo nato italiano, l'Etr 500) l'Europa diventerà sempre più piccola dato che a percorrerla in lungo e in largo con il treno occorrerà sempre meno tempo. La cartina di Mario Russo dà alcuni esempi di quella che tra qualche anno dovrebbe essere la nuova realtà dei trasporti su rotaia. Per ogni tratta è indicato il tempo previsto di percorrenza. Per arrivare a questo risultato occorrerà che tutti gli Stati si adeguino a uno standard comune, a incominciare dallo scartamento delle rotaie. (Foto Grazia Neri).

Oggi ci vuole un'ora.
Domani **ci vorrà** mezz'ora.

Oggi ci vogliono due giorni.
Domani **ci vorranno** due ore.

- Per andare da Roma a Milano in treno oggi ci vogliono cinque ore. E nel duemila?
- Per andare da Londra a Edimburgo oggi ci vogliono sette ore. E nel duemila?
- Quanto tempo ci vorrà in treno da Madrid a Parigi?
- Partendo da Valencia, quanto tempo ci vorrà per arrivare a Bruxelles?
- Quanto ci vorrà per attraversare tutta l'Italia da Torino a Lecce in treno?
- Come si chiama il treno più veloce d'Italia?

D Ascoltare e raccontare

(9) 📼 **Suoni italiani**
Ascolta e scegli la frase che descrive il suono.

A Campane
B Campanella della Messa
C L'ora esatta alla radio
D Nel bar
E Sul pullman
F Gente in piazza
G Cicale e uccelli a Villa Adriana
H Una pizzeria
I Traffico a Roma
J Telefono libero e occupato

la campana	*bell*
la cicala	*cicada*
l'uccello	*bird*

(10) La città più bella

a 🔲 📖 ✎ Ascolta e leggi. Rimetti le parole che mancano.

Be', ti posso raccontare una storia: . . . . . .
Calvino è andato in Giappone – Italo
Calvino – gli hanno dato una guida che era
molto brava e . . . . . parlava l'italiano
perfettamente, ... parlava l'italiano in
modo perfetto.

    . . . . . . si è stupito di questa efficienza
linguistica e gli dice: '. . . . lei, com'è che
conosce l'italiano . . . . . . bene?' E dice – la
guida giapponese dice –
l'interprete . . . . :
'Sono stato in Italia a . . . .'
'Ah sì? E . . . . lei qual è la città più bella
d'Italia – forse Roma?'
'No, dice, Roma no.'
'Allora, dice, ... Firenze.'
'No, Firenze, Firenze non è un . . . . . che.'
'Allora, dice, ... , Venezia.'
'No, ... carità, a Venezia c'è l'acqua!'
'Dice, ma . . . . . . qual è la città più bella?'
'È Cuneo,' . . . . . il giapponese.
    E Calvino non riusciva a capire . . . . .
avesse fatto a scegliere questa cittadina,
. . . . . io ho detto che è bella, ma che non è
certo più bella di nessun'altra di queste
piccole città italiane.

Italo Calvino: famoso scrittore, autore
  de *Il Barone Rampante*
si è stupito   *was surprised*
sarà Firenze   · *it must be Florence*
dice   *he says*
com'è che . . . ?   *how is it that . . . ?*
non è un gran che *it's nothing much*
per carità   *for goodness' sake*

b 👥
Studente A: Perché proprio Cuneo?
               Chiedi a Studente B.
Studente B: pagina 238

c 👥 Scegli quattro città del tuo paese, le
più note e una meno nota, e fai la stessa
conversazione con un altro studente.
Sostituisci a Calvino uno scrittore che
conosci.

Studente B

Unità 2

(8) **b** **Studente B:** Scelga una personalità e risponda a Studente A. *(Choose one of these personalities and answer Student A's questions.)*

Scambiatevi i ruoli. *(Swap roles.)*

Federica Martelli
infermiera
7 mesi
Ospedale Santa Croce
piace: molto

Silvia Grandi
interprete
3 anni
Consolato
piace: moltissimo

Giorgio Ricci
impiegato
15 anni
Posta
piace: no

(11) **Studente B:** Lei è uno di questi personaggi famosi. Risponda a Studente A.

Scambiatevi i ruoli.

Margaret Thatcher
- Primo Ministro Britannico (1979–1990)
- Nata a Grantham, Inghilterra
- Adora il suo lavoro

Umberto Eco
- Nato a Alessandria, Italia
- Professione: scrittore (dal 1962)
- Autore di *Il nome della rosa*
- Ama scrivere

Steffi Graf
- Nata a Bruehl, Germania
- Professione: tennista (dal 1983)
- Campionessa a Wimbledon 1988, 1989

Luciano Pavarotti
- Professione: cantante lirico
- Nato a Modena, Italia, 1935
- Inizio carriera 1961, con La Bohème

(20) **Studente B:** Studi gli orari di apertura e chiusura in Italia e risponda a Studente A.
(Study Italian opening and closing times and answer Student A.)

Ora faccia le stesse domande per l'Inghilterra e completi la tabella.
(Now ask similar questions about England and complete the table.)

	ITALIA		INGHILTERRA	
	Apertura	Chiusura	Apertura	Chiusura
le banche	8,30 15,30	13,30 16,30		
i supermercati	8,30 16,30	13,30 20		
i negozi	9 16	13 20		
le scuole	8,30	13,30		
i bar/i pub	7,30	24		
gli uffici	8,30	14		
i musei	9	14		
i cinema	16	24		

Unità 4

Studente B: *By looking at the picture of the room on page 225, tell Studente A if Susanna likes the same things as Stefano.*

Esempio:
A: A Stefano piace il calcio. E a Susanna?
B: No, a Susanna non piace il calcio. A Susanna piace il tennis.

Then ask five questions about Stefano.

il piano/la chitarra   i libri gialli/i giornali   il tennis/il calcio/lo sci
la tv/la radio/la musica   i cioccolatini/le patatine   il verde/il blu
la Coca-Cola/il caffè   i dischi/le poesie

(12) **b** **Studente B:** Guardi la figura e
risponda a Studente A.

Esempio:
A: Il cuscino va sul divano, vero?
B: Sì, va sul divano.

18 **Studente B:** Guardi l'opuscolo dell'albergo IGEA e risponda alle domande di Studente A.

Esempio: **A:** Scusi, c'è la tv in camera?
B: Sì, ce n'è una in ogni camera.

Scambiatevi i ruoli.

ogni	*each*
danno sul giardino	*(they) overlook the garden*

Camere
110 camere, 221 posti letto. In ogni camera c'è telefono, televisione a colori, minibar, aria condizionata.
Tutte le camere al primo piano danno sul giardino. Quattro camere al terzo piano danno sul mare e sono particolarmente tranquille.

Bagni e docce
In tutte le camere.

Tolette
Su ogni piano.

Ristoranti e bar
Ristorante IGEA al pianterreno e bar al secondo piano. Minibar in ogni camera.

Parcheggio privato
Davanti all'albergo.

20 **Studente B:** *You work at the Ente Turismo (Tourist Board). Study the list of hotels and help Studente A find a suitable hotel.*

Espressioni utili
Vediamo . . .   *Let's see . . .*
Abbiamo . . .   *We have . . .*
Le va bene . . . ?   *Is . . . all right for you?*

CAT. CATEGORY CATEGORIE KATEGORIE CATEGORIA	NOME NAME NOM NAME NOMBRE	CAMERE ROOMS CHAMBRES ZIMMER HABITACIONES	LETTI BEDS LITS BETTEN CAMAS	BAGNI BATHROOMS BAINS BADEZIMMER BAÑOS	SERVIZI SERVICES SERVICES SERVICE SERVICIOS	min max	min max	min max	min max	min max	min max	min max	min max
★★	CASTELLACCIO - Via Eugubina ☎ 603104 - FAX 603104 - Loc. Piccione	24	41	24		36.300 42.000		52.800 60.000		45.000 60.000			35.000 50.000
★★	IDEAL - Via Tuderte, 1/G ☎ 30869	19	32	21		36.300 42.000		52.800 60.000					
★★	IRIS - Via Marconi, 37 ☎ 20259	11	18	9		36.300 42.000	34.100 38.000	52.800 60.000	65.000 70.000	75.000 80.000	50.000 55.000	55.000 60.000	
★★	LA GRATELLA - Via del Bovaro, 9 ☎ 24650	15	30	13		36.300 42.000	34.100 38.000	52.800 60.000					

Unità 5

Studente B:

a Ascolti e segni i nomi.
  (Listen and write in the names of the places.)
  Check with Studente A.

b *Answer* Studente A *and say where* il Bar Paradiso, la stazione, la farmacia *and* l'agenzia di viaggi *are in relation to the places already on the map.*

c Chieda a Studente A dove sono l'edicola, la posta, il museo, il supermercato e la chiesa.

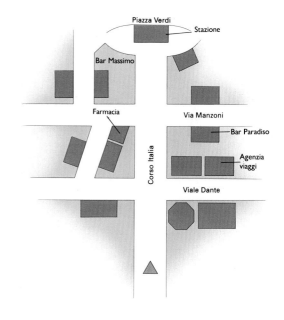

 b Studente B:

Dia le indicazioni a Studente A.
Poi chieda se c'è un autobus/un tram per
1 Piazza Navona
2 la Stazione Termini.

fermata 81
(di fronte al cinema)
200 metri

fermata 36
(davanti alla chiesa)
due passi

Unità 7

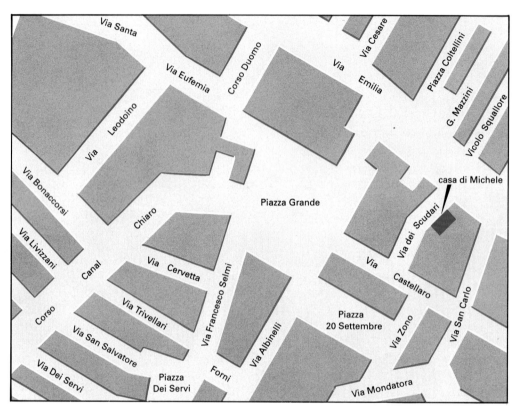

Studente B: Lei è Michele. Inviti Serena alla sua festa. Cominci così: 'Ciao Serena. Domenica dò una festa. Puoi venire?' Le chieda dove abita. Le dia le indicazioni per arrivare a casa sua.

Espressioni utili

Do una festa.	*I am giving a party.*
Allora ci vediamo alle . . .	*I'll see you at . . . then.*

23 **Studente B:** Legga la ricetta della pizza (pagina 229) e dica a Studente A:

a la quantità degli ingredienti per fare la pasta.

b il tempo che ci vuole.

c gli ingredienti che vanno sulla pizza.

Comincia Studente A.

La ricetta per la pizza

Ingredienti:

Farina	750 gr.
Lievito (in polvere)	1 bustina
Acqua	½ litro (circa 2 tazze)
Olio	1 cucchiaio
Sale	2 cucchiaini
Pomodori (a pezzi)	1 scatola
Mozzarella (a dadini)	150 gr.
Funghi coltivati (a fettine)	150 gr.

Sale, pepe, olio, origano, olive nere, capperi, acciughe a piacere

In una terrina si mettono 750 gr. di farina, con un cucchiaio d'olio e due cucchiaini di sale. Si aggiunge una bustina di lievito in polvere e circa mezzo litro di acqua tiepida (due tazze). Si impasta bene per 5–10 minuti e poi si lascia lievitare la pasta per circa un'ora. Poi si spiana e si mette in una teglia. Deve essere molto sottile.

Infine si mettono sulla pasta i pomodori a pezzi, la mozzarella a dadini, e poi i funghi a fettine, le olive nere o altre cose a piacere. Si aggiunge sale, pepe, un pizzico di origano e un po' d'olio e si cuoce la pizza nel forno caldissimo per circa 20 minuti.

Unità 8

Focus: **Risultato**

Nelle risposte hai scelto in maggioranza

1 PACCHETTO ROSSO: Ami le tradizioni e la tranquillità.
2 PACCHETTO BLU: Per te tutto è gioco e divertimento.
3 PACCHETTO VERDE: Sei un tipo organizzato e razionale.

 Studente B: Dì a Studente A il prezzo in lire di ogni regalo.

Esempio:
A: Quanto costa/costano . . . ?
B: Costa . . . lire. Giusto?

racchetta	L.78.000
cravatte	L.44.500
orologi	L.88.000/L.140.000
valige	L.42.000/L.70.000
spumante	L.25.000
tappeto	L.130.000
telefono	L.67.500
guanti	L.18.000
profumi	L.90.000/L.69.000
giacchetto	L.190.000
orecchini	L.28.000
giacca a vento	L.220.000
poltrona	L.380.000
libro	L.33.000
occhiali	L.23.700
scarpe	L.50.000

⑩ **a Studente B:** Rispondi a Studente A con la corrispondente taglia italiana.

Poi chiedi a Studente A le taglie inglesi che mancano.

DONNE	GB	8	10		14		18
VESTITI	ITALIA/ EUROPA	36	38	40	42	44	46
UOMO	GB	36	38	40	42		
GOLF	ITALIA/ EUROPA	46	48	50	52	54	56
DONNE	GB			4	5	7	8
SCARPE	ITALIA/ EUROPA	36	37	38	39	40	41
UOMO	GB		7	8		10	
SCARPE	ITALIA/ EUROPA		40	41	42	43	44

⑮

Enrico

Diana

Nina

Studente B: Sei a una festa e conosci solo tre persone: Diana, Enrico e Nina. Ascolta la descrizione di Studente A e digli il nome della persona.
Ora informati sugli altri. Comincia così: 'Scusa, come si chiama . . . ?'

Unità 9

(20) **Studente B:** Legga la vita di
Marisa Bellisario e risponda alle
domande di Studente A.

Marisa Bellisario è nata nel 1935 a Cuneo,
in Piemonte. All'Università ha studiato
Economia e Commercio e si è laureata
nel 1959. Per cinque anni ha lavorato
all'Olivetti. Dal '64 al '72 ha lavorato per
la General Electric. Nel '72 è tornata
all'Olivetti ed è diventata manager.

Si è sposata nel '60 con Lionello Cantoni,
Professore di Informatica al Politecnico di
Torino. Non hanno avuto figli. Nell '80 ha
lasciato l'Olivetti ed è entrata nell'Italtel
(equivalente del British Telecom) e in pochi
mesi è diventata Amministratore Delegato
(Direttore Generale). È morta nel 1988
nella sua villa vicino a Torino.

(22) **b** **Studente B:** Controlli le
risposte di Studente A: giusto o
sbagliato *(right or wrong)*?

1 La scoperta dell'America (Colombo):
 1492
2 La Dolce Vita (Fellini): 1960
3 La Cappella Sistina (Michelangelo): finita
 nel 1541
4 L'elettricità (Alessandro Volta): 1800
5 L'unità d'Italia: 1860
6 La seconda guerra mondiale: 1939–1945
7 Il Mercato Comune: fondato nel 1957
8 La Coppa del Mondo: Italia 1982

Michael Angelo.

Unità 10

3   **a**   **Studente B:** Risponda alle domande di Studente A con il nome del regista.

Giudizio	Film	Regista	Genere
	La Dolce Vita	**Fellini**	**Drammatico**
	La Sposa di Frankenstein	**Whale**	**Dell'orrore**
	L'ultimo Imperatore	**Bertolucci**	**Storico**
	Le Avventure di Sherlock Holmes	**Werker**	**Poliziesco**
	Camera con Vista	**Ivory**	**Romantico**
	007 Dalla Russia con Amore	**Young**	**Di spionaggio**
	Per un Pugno di Dollari	**Leone**	**Di cowboy**
	Il Padrino	**Coppola**	**Drammatico**
	Un Pesce chiamato Wanda	**Crichton**	**Comico**
	Indiana Jones e l'Ultima Crociata	**Spielberg**	**D'avventura**

6   **Studente B:**
a Risponda alle domande di Studente A sul film 'Camera con Vista'.

Camera con Vista (1986) di James Ivory.
Con Helena Bonham-Carter e Julian Sands.

Scambiatevi i ruoli. Studente A è stato al cinema e ha visto 'Via col Vento'. Faccia le domande sul film e completi la scheda, come in **5b**.

b Descriva 'Via col Vento' come in Attività 5.

8 **b** **Studente B:** Faccia la conversazione come in **8a** e dica a Studente A se ci sono posti liberi, dove sono e quanto costano.

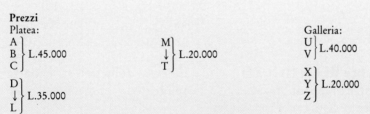

Prezzi

Platea:

A
B } L.45.000
C

D
↓ } L.35.000
L

M
↓ } L.20.000
T

Galleria:

U
V } L.40.000

X
Y } L.20.000
Z

Gruppi di 20 persone: prezzo ridotto

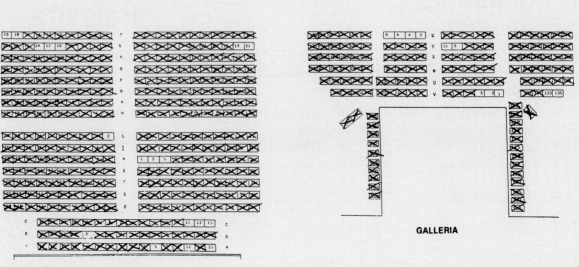

PLATEA

GALLERIA

Unità 11

8 b **Studente B:** Guardi la tabella del consumo energetico e dica a Studente A quante calorie l'ora si consumano con ogni sport (uomo/donna).
Comincia Studente A.

SPORT	CONSUMO ENERGETICO (CALORIE L'ORA)	
	Donna	Uomo
Bicicletta	400	560
Calcio	550	700
Corsa a piedi (footing)	460	580
Equitazione	280	360
Ginnastica (in casa)	300	400
(in palestra)	460	700
Golf	260	340
Nuoto	600	800
Pallacanestro	700	900
Pallavolo	420	550
Passeggiata	180	220
Pattinaggio su ghiaccio	480	650
Ping-pong	360	480
Sci	480	600
Tennis	500	650

11 b **Studente B:** Lei lavora al Centro Informazioni Sport.
Risponda a Studente A come in **11a**: gli dia il nome della palestra adatta e il numero di telefono.

Ginnastica moderna

- Ginnastica dimagrante, correttiva, presciistica
- Danza moderna
- Body building
- Sauna massaggi
- Lampada solare
- Training
- Relax
- Terapia antifumo

Tel: 871012

Lauren

- Trattamenti corpo e viso
- Chirurgia plastica
- Lampada solare
- Massaggi
- Profumerie

Tel: 861279

Palestra *Fisio*

- Body building
- Ginnastica
- Karate
- Nuoto
- Yoga
- Aerobica
- Programmi personalizzati
- Corpo libero

Tel: 276359

16 c Studente B: Studente A è lo scrittore. Faccia un'intervista usando queste domande. Prenda appunti: scriva solo le parole più importanti.

- Signor Rigoni Stern, cosa fa lei per tenersi in forma?
- E dove?
- Da solo o in compagnia?
- Ogni quanto?

- Anche quando piove?
- Quali sono gli aspetti piacevoli di questa attività?
- Lo trova faticoso?
- Da quanto tempo lo fa?

Unità 12

4 b Studente B: Guardi l'orario e risponda a Studente A.

PARTENZE				
COMPAGNIA/VOLO	**DESTINAZIONE**	**ORARIO**	**USCITA**	**AVVISO**
BA	Birmingham	14,26	6	imbarco
LUFTHANSA	Bonn	14,50	23	
KLM	Amsterdam	15,05	18	
AEROFLOT	Mosca	15,40	20	
ALITALIA	Parigi	16,03	7	
SWISSAIR	New York	16,40	12	

8 Studente B: Guardi la tabella e risponda a Studente A.

PARTENZE	BINARIO	DESTINAZIONE	ARRIVO
14,00	13	FIRENZE	16,19
14,10	11	BOLOGNA	17,32
17,25	7	MILANO	22,58
19,05	15	FIRENZE	21,42
23,15	19	MILANO	06,03

18   **a   Studente B:**
Guardi la cartina e risponda a Studente A con le informazioni meteorologiche.

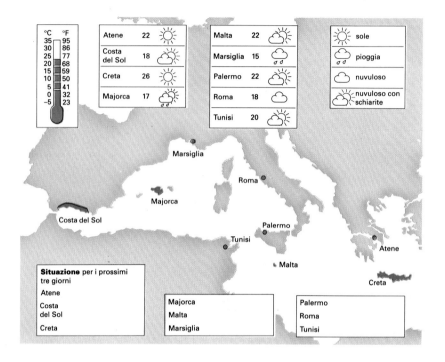

Unità 13

4   **b   Studente B:** Lei lavora all'Agenzia Mediterraneo. Parli con Studente A e riempia il modulo.

- Buongiorno. Desidera?
- Quando vuole andare? Per quanto tempo?
- E dove vorrebbe andare? Al mare, ai laghi, in montagna, in campagna?
- E dica, che tipo di alloggio desidera: albergo, pensione, casa in affitto?
- Bene. Per quante persone?
- Ci sono bambini? Che età hanno?
- Ha delle richieste particolari?
- Va bene, grazie. Firmi qui.

Prenotazione "Mediterraneo"
Nome _____
Dal _____ al _____
Numero persone:
adulti _____
bambini _____ (Età: _____)
☐ ALBERGO   ☐ singola
                       ☐ doppia
                       ☐ 3°/4° letto
                       ☐ mezza pensione
                       ☐ pensione completa
☐ APPARTAMENTO
                       per ___ persone
☐ BUNGALOW   per ___ persone

Sconto del 10% dall' 1/3 al 30/10

Richieste particolari _____
_____
Data _____ Firma _____

(5) **c** **Studente B:** Dica a Studente A i prezzi della Crociera 1. Gli chieda: data, numero di persone, tipo di cabina, categoria (normale/di lusso). Scambiatevi i ruoli per la Crociera 2.

Prezzi per persona		
TIPO DI CABINA Tutte le cabine con servizi privati (doccia/lavabo/wc) Cabine di lusso con sofà, bagno, frigo-bar	CROCIERA I	CROCIERA 2
CABINE A 4 POSTI Normale .... Di lusso	460.000 660.000	760.000 960.000
CABINE A 2 POSTI Normale .... Di lusso	630.000 830.000	1.300.000 1.500.000
CABINE SINGOLE Normale .... Di lusso	900.000 1.100.000	1.850.000 2.050.000
Menù alla carta, vino gratuito ai pasti		

d **Studente B:** Sua moglie/Suo marito preferisce l'altra crociera. Legga 'Veramente tutto compreso' e la/lo convinca a venire con lei: 'Nella mia crociera c'è . . . Si può . . .' ecc.

VERAMENTE TUTTO COMPRESO!
- Prima colazione
- Caffè delle 11 in piscina
- Piscina, ping-pong
- Discoteca tutte le sere
- Piano-bar
- Due serate di gala durante la crociera

Unità 14

 REGOLE

3 Dica qual è il punteggio di ogni oggetto e perché.

Esempio: La bussola **vale** 6 punti.
Gli specchi **valgono** 3 punti.

PUNTEGGIO

1 **Una bottiglia di whisky: 8 punti**
Utile come disinfettante. Inutile come bibita in un clima caldo.

2 **Trenta pacchetti di caramelle: 10 punti**
Utili per dare energia.

3 **Tre pezzi di specchio: 3 punti**
Utili per segnalare la propria posizione, ma il sole non penetra nella foresta!

4 **Quattro scatole di sale: 15 punti**
Utilissimi per combattere la disidratazione.

5 **Due scatole di fiammiferi: 7 punti**
Poco utili in un clima molto umido.

6 **Trenta razioni di cibo per bambini: 20 punti**
Utilissimi: nutrienti e non deperibili.

7 **Trenta metri di corda di nylon: 13 punti**
Utili per legare.

8 **Due paracaduti: 11 punti**
Utili per fare un letto o una tenda. Utili anche le corde.

9 **Un sedile: 3 punti**
Quasi inutile.

10 **Dieci buste di latte a lunga conservazione: 10 punti**
Utilissime per nutrire e dare energia, ma pesanti.

11 **Un pugnale tipo Rambo: 16 punti**
Utilissimo per tagliare la vegetazione e per difendersi.

12 **Una mappa stellare: 5 punti**
Quasi inutile perché dalla foresta il cielo non si vede.

13 **Un salvagente automatico: 9 punti**
Utile per attraversare fiumi.

14 **Una bussola: 6 punti**
Inutile perché non sapete dove siete e dove volete andare.

15 **Venti litri d'acqua: 12 punti**
Pesante ma utilissima.

16 **Razzi da segnalazione: 18 punti**
Utilissimi per segnalare la propria posizione.

17 **Cassetta per il pronto soccorso: 19 punti**
Utilissima e forse vitale.

18 **Radio ricetrasmittente a energia solare: 4 punti**
Inutile perché questo tipo di radio non funziona nella foresta.

19 **Tre fucili: 17 punti**
Utilissimi in caso di emergenza.

20 **Un pezzo d'elica: 0 punti**
Assolutamente inutile.

---

10 **b** La ragione della bellezza di Cuneo per il giapponese era che intorno a questa città erano nati gli scrittori italiani che lui conosceva e amava di più, come Pavese, Fenoglio, Arpino.

Studente C

Unità 11

⑪ **b** **Studente C:** Lei lavora in una di queste palestre. Risponda al telefono come in **11a** e dica orari e prezzi.

Ginnastica moderna

GINNASTICA DIMAGRANTE, CORRETTIVA, PRESCIISTICA • DANZA MODERNA • BODY BUILDING • SAUNA • MASSAGGI • LAMPADA SOLARE • TRAINING • RELAX • TERAPIA ANTIFUMO

Orario: Tutti i giorni dalle 9 alle 20. Chiuso il lunedì.
Prezzi: Lezioni di gruppo L.18.000 a persona, Lezioni individuali L.30.000

Tel: 871012

Lauren

ISTITUTO DI BELLEZZA

TRATTAMENTI CORPO E VISO
CHIRURGIA PLASTICA
LAMPADA SOLARE
MASSAGGI
PROFUMERIE

ORARIO: 8,30–18. Chiuso il giovedì. Aperto tutto AGOSTO.

PREZZI: secondo il trattamento.

TEL. 861279

Palestra Fisio

LA PALESTRA PER TUTTI

BODY BUILDING
GINNASTICA
KARATE
NUOTO
YOGA
AEROBICA
PROGRAMMI PERSONALIZZATI
CORPO LIBERO

Orario: Dalle 8 alle 22. Chiuso la domenica.

Prezzi: Quota d'iscrizione L.40.000,
Lezioni di gruppo L.15.000 a persona,
Lezioni individuali L.28.000

Tel. 276359

grammatica

Index to contents

Nomi *Nouns*

Genere *Gender* (Unità 1, 2, 3)

Nouns in Italian are either masculine or feminine.

In general:
nouns ending in -o are masculine
nouns ending in -a are feminine
nouns ending in -e are either masculine or feminine.

Maschile	-o	il cappuccino
Femminile	-a	la birra
Maschile/ Femminile	-e	il caffè *(m)* la neve *(f)*

Some nouns are irregular:

la mano *(hand) feminine*
il problema *(problem) masculine*
il cinema *(cinema) masculine*

Nouns ending in -ista can be either masculine or feminine:

il/la dentista, il/la giornalista

Plurale *Plural* (Unità 1, 3)

The plural is formed by changing the endings of the nouns in the following way:

m s	-o	⟶	-i	*m pl*
f s	-a	⟶	-e	*f pl*
m/f s	-e	⟶	-i	*m/f pl*

	Singolare	Plurale
m	gelato	gelati
f	birra	birre
m	bicchiere	bicchieri
f	nave	navi

Here are some irregular plurals:

il braccio *(m)*	le braccia *(f, arms)*
la mano *(f)*	le mani *(hands)*
l'orecchio *(m)*	le orecchie *(f, ears)*
l'uomo *(m)*	gli uomini *(men)*

Articolo indeterminativo *Indefinite article* (Unità 1)

Depending on the sound with which the following word begins, the indefinite article (in English, 'a' or 'an') is:

m	**un** treno/amico/caffè	*before a consonant or a vowel*
m	**uno** zoo/studente	*before z or s + consonant*
f	**una** banana/ televisione	*before a consonant*
f	**un'**aranciata/isola	*before a vowel*

Articolo determinativo *Definite article* (Unità 2)

The form of the definite article (in English, 'the') depends on the sound at the beginning of the word following it:

	Singolare	Plurale
m	**il** bambino	**i** bambini *before a consonant*
m	**lo** zio/studente	**gli** zii/studenti *before z or s + consonant*
m	**l'**avvocato	**gli** avvocati *before a vowel*
f	**la** dottoressa	**le** dottoresse *before a consonant*
f	**l'**amica	**le** amiche *before a vowel*

With names of countries you need the definite article:
l'Italia, l'Inghilterra, la Grecia

You don't need the definite article with nouns in a list:
Compro mele, pere, pane, insalata e formaggio.

Aggettivi *Adjectives* (Unità 1, 3, 5)

Adjectives in Italian tend to go after the noun they refer to.

Accordo *Agreement*

An adjective must agree with the noun it

accompanies, both in gender (masculine/feminine) and number (singular/plural).

	Singolare	Plurale
m	un ragazzo italiano	due ragazzi italiani
f	una ragazza spagnola	due ragazze spagnole
m	un libro interessante	due libri interessanti
f	una casa grande	due case grandi

Bello, buono

Bello *(nice, beautiful)* and buono *(good) usually go in front of the noun they refer to.*

The endings of bello *are similar to the definite article:*

un be**l** giardino	dei be**i** giardini
un bel**lo** spettacolo	dei be**gli** spettacoli
un bell'appartamento	dei be**gli** appartamenti
una bel**la** ragazza	delle bel**le** ragazze
una bell'attrice	delle bel**le** attrici

In the singular, the endings of buono *are similar to the indefinite article:*

Buon giorno	due buon**i** amici
un **buono** studente	due buon**i** studenti
Buona sera	Che buon**e** mele!
una **buon'** amica	Che buon**e** amiche!

When bello *and* buono *follow the noun they describe, they keep the normal forms:* bello/bella/belli/belle *and* buono/buona.

Comparativo *Comparative* (Unità 11)

To compare one thing with another più *(more) or* meno *(less) is used, followed by* di:

Il tennis è **più** faticoso **del** pallone.
Lo sci è **meno** interessante **del** nuoto.

Superlativo *Superlative*

The superlative is formed by

a *using* molto *(invariable) before the adjective:*

Questo vino è **molto** buono.

b *adding* -issimo/a *to the adjective, after dropping the final vowel:*

bello→ bell**issimo**
Roma è una città bell**issima**.

c *using the definite article in front of* più *(most) or* meno *(least), followed by* di:

È la ragazza **più** simpatica **del** mondo.
She's the most charming girl in the world.
È il ragazzo **meno** contento **di** tutti.
He's the least happy boy of all.

Dimostrativi *Demonstrative adjectives and pronouns* (Unità 3, 8)

The adjectives questo *(this) and* quello *(that) always go before the noun.*

Questa macchina è di Carlo, **quella** bicicletta è di Paolo.
Prendo **questi** guanti. Mi piacciono **quelle** scarpe.

The endings of quel, quello *are similar to the definite article:*

Singolare	Plurale
Mi dà **quel** giornale per favore?	Mi dà **quei** giornali per favore?
È arrivato **quell'**amico inglese.	Sono arrivati **quegli** amici inglesi.
Conosci **quello** studente?	Conosci **quegli** studenti?
Mi piace **quella** commedia.	Mi piacciono **quelle** commedie.
Quell'attrice è molto brava.	**Quelle** attrici sono molto brave.

Note: When quello *is used as a pronoun, it has normal endings (o/a, i/e):*

Questo è mio figlio e **quella** è mia sorella.
Che belle borse! Prendo **quella**.

Numerali *Numbers*

Cardinali *Cardinal numbers* (Unità 1, 2, 4, 8)

For the numbers 0–10 see page 16. Numbers are invariable except for **uno**, *which has endings like the indefinite article when used in front of a noun (see page 241):*

Per lei **un** caffè, per voi **una** limonata e **un'**aranciata.
Per noi, due aperitivi e **uno** spumante.

From venti *(twenty) to* novanta *(ninety), numbers formed with* **uno** *and* **otto** *contract as follows (see page 34):*

ventuno   ventotto
trentuno   trentotto
quarantuno   quarantotto   *etc.*

Cento *(one hundred) is invariable. Hundreds are formed by adding* -cento *to the cardinal number (see page 67):*

200: duecento
700: settecento *etc.*

Mille *(one thousand) is invariable. Thousands are formed by adding* -mila *(invariable) to the cardinal number:*

mille lire, cinquemila lire
a thousand lire, five thousand lire
duecentocinquantamila abitanti
two hundred and fifty thousand inhabitants

Milione *(one million) is a noun and is followed by* di *when used with another noun:*

un milione di sterline, tre milioni di lire
one million pounds, three million lire
L'appartamento costa centotrenta milioni (di lire).
The flat costs 130 million lire.

When indicating prices, the words cento *(a hundred) and* lire *at the end of the number are commonly omitted in conversation:*

Quanto costa l'uva? Duemila e due al chilo.
  (L.2.200)
E le banane? Tremila e cinque. (L.3.500)

For the days and months see page 34. Dates are indicated by the cardinal number preceded by the article:

Che giorno è oggi? È il venticinque luglio.
Quand'è il tuo compleanno? L'otto marzo.

Exception: il primo gennaio/febbraio *etc.*

To express **hundreds** *and* **thousands:**

centinaia di persone *hundreds of people*
migliaia di turisti *thousands of tourists*

Centinaia *and* migliaia *are feminine plural.*

Ordinali   *Ordinal numbers*
(Unità 4)

Primo, secondo, terzo *etc. are adjectives and therefore agree in gender and in number with the*

noun they describe. They usually go in front of the noun:

Abito al quinto piano.
Prenda la seconda strada a sinistra.

1° primo	6° sesto
2° secondo	7° settimo
3° terzo	8° ottavo
4° quarto	9° nono
5° quinto	10° decimo

Aggettivi possessivi
Possessive adjectives
(Unità 3)

A possessive adjective agrees in gender and in number with the noun which follows it and not with the 'owner' as in English. It is usually preceded by the definite article.

Singolare	Plurale
il mio libro	i miei nonni
il tuo indirizzo	i tuoi amici
il suo cane	i suoi fiori
il nostro albergo	i nostri viaggi
il vostro gatto	i vostri interessi
il loro giardino	i loro amici
la mia penna	le mie zie
la tua sigaretta	le tue amiche
la sua borsa	le sue scarpe
la nostra vacanza	le nostre vacanze
la vostra macchina	le vostre cartoline
la loro valigia	le loro fotografie

Note: The article must not be used when speaking about members of the family in the singular:

	mio fratello	mia sorella
but	i miei fratelli	le mie sorelle

Congiunzioni   *Conjunctions*

e	*(and)*
	Franco e Flavia
	pioggia e nebbia
o	*(or)*
	Prima o seconda classe?
	Caffè o tè, per me è lo stesso.
oppure	*(or else)*
	La sera leggo oppure guardo la TV.

anche   *(also, too, as well)*
                Ci sono patate e anche spinaci.

                Note: Personal pronouns follow
                anche:

                Vieni al cinema anche tu?
                Sì, vengo anch'io.
                (you too, me too etc.)

ma   *(but)*
                Ho telefonato ma non c'è nessuno.

però   *(however)*
                Non è bello, però mi piace.

né . . . né . . .   *(neither . . . nor . . .)*
                Non fa né caldo né freddo.

                Note: When né . . . né . . . is used in a
                sentence, the verb is usually preceded
                by non *(see Negativo, page 248).*

Avverbi *Adverbs*
(Unità 3, 10)

Adverbs are invariable. They generally go in front of
an adjective but after a verb.

Modo *Manner*

Adverbs of manner are mostly formed from the
feminine form of the adjective plus -mente:

vero→ vera + mente = veramente *(truly)*
lento→ lenta + mente = lentamente *(slowly)*

Note:
bene *(well)*   Sto bene *(I am well)*
male *(unwell/badly)*   Ti senti male?
                              (Are you unwell?)
meglio *(better)*   Mi sento meglio
                              (I feel better)
peggio *(worse)*   Mi sento peggio
                              (I feel worse)

Quantità *Quantity*

poco   *a little*
abbastanza   *quite*
molto   *very*
troppo   *too/too much*

Note: Stefano parla molto   *(after verb)*
         ma è molto simpatico. *(in front of adjective)*

Tempo *Time*

sempre   *always*
spesso   *often*
qualche volta *sometimes*
mai   *never*
già   *already*

Vai **spesso** al mare? *(adverb follows verb)*
È **già** partito *(adverb follows auxiliary)*

Luogo *Place*

qui   *here*
lì   *there*
dove   *where*
dappertutto *everywhere*

Formal and informal address (Unità 1, 2, 4, 7)

Tu e lei

Tu *(informal): verb in the second person singular;*
used to address a member of the family, a friend or a
contemporary.

Lei *(formal): verb in the third person singular;*
used to address someone with whom you are not on
familiar terms.

Tu	Lei
Come sta**i**?	Come sta?
Quando vie**ni** a Londra?	Quando viene a Londra?
Ti piace il jazz?	**Le** piace il jazz?
A che ora **ti** alz**i**?	A che ora **si** alza?
Ecco **il tuo** libro.	Ecco **il suo** libro.

Signore, signora, signorina *Sir/ Mr, Madam/Mrs, young lady/Miss*

*When speaking **to** people, no article is required.*

Buona sera, signore/signora/signorina.
Buongiorno, Signora Marini.
Come sta, Signor Allegri?
Quando viene a Londra, Signorina Pace?

*When speaking **about** people, the article is required.*

La signora Benassi è arrivata adesso.
Ti presento **il** signor Neri.
Ecco **la** signorina Parenti.

Note: When followed by a surname, signore
abbreviates to signor.

Pronomi personali *Personal pronouns*

Soggetto *Subject*

io	*I*	noi	*we*
tu	*you (informal s)*	voi	*you (pl)*
lui	*he*	loro	*they*
lei	*she, you*		
	(formal s)		

Since verb endings are normally sufficient to indicate who is doing the action, io, tu, lei, lui etc. are generally only used for emphasis and to avoid confusion:

Io sono italiano e **lui** è giapponese.
Loro stanno a casa, ma **noi** usciamo.

Oggetto *Object*

a Oggetto diretto *Direct object* (Unità 4, 10)

These always go before the verb, except with the infinitive, the imperative and the gerund.

mi	*me*	ci	*us*
ti	*you (informal s)*	vi	*you (pl)*
lo	*it/him*	li	*them (m)*
la	*it/her/you (formal s)*	le	*them (f)*

Mario **mi** ama. *Mario loves me.*
Ti ho visto. *I saw you.*
Dov'è l'ombrello? Non **lo** trovo.
Where is the umbrella? I can't find it.
Guardi molto la televisione? Non **la** guardo mai.
Do you watch television a lot? I never watch it.
Qualcuno **ci** guarda.
Someone is watching us.
Vi aspetto all'una.
I'll expect you at one o'clock.
Ecco i fiori. **Li** metto nel vaso.
Here are the flowers. I'll put them in the vase/pot.
Che belle scarpe! **Le** compro.
What beautiful shoes! I'm going to buy them.

The same pronouns mi, ti, lo, la, ci, vi, li, le are used with ecco *as follows:*
eccomi, eccoti, eccolo, eccola, eccoci, eccovi, eccoli, eccole

Dove sei? Eccomi.
Where are you? Here I am.
Dov'è l'ombrello? Eccolo.
Where is the umbrella? Here it is.
Dov'è la borsa? Eccola.
Where is the bag? Here it is.

b Oggetto indiretto *Indirect object* (Unità 8)

mi	*(to) me*	ci	*(to) us*
ti	*(to) you (informal s)*	vi	*(to) you (pl)*
gli	*(to) him*	loro	*(to) them*
le	*(to) her/you (formal s)*		

Mi, ti, gli, le, ci *and* vi *always go in front of the verb, except with the infinitive, the imperative and the gerund.*

Mi può dare un'informazione?
Can you give me some information?
Ti scrivo una lettera.
I'll write you a letter.
Gli regalo un disco.
I'll give him a record.
Le regalo un profumo francese.
I'll give her a French perfume.
Ci mandano sempre una cartolina.
They always send us a postcard.
Vi offro un caffè.
I'll buy you a coffee.

Loro *(to them) follows the verb, but note that in spoken Italian* gli *is used instead of* loro.

Ho dato loro il mio indirizzo/
Gli ho dato il mio indirizzo.
I've given them my address.

c Con preposizioni *With prepositions*

Per **me** un panino, e per **te** Luigi?
Per **lui** un caffè, e per **lei** signora?
Vieni con **noi**!
C'è Antonio da **voi**?
A **loro** piace la pizza.

Pronomi doppi (oggetto diretto e indiretto) *Direct and indirect object combined* (Unità 10)

When direct and indirect object pronouns are used together, the order is:

indirect   direct   verb

Both gli *(to him) and* le *(to her/you) change to* glie *in front of a direct object pronoun and combine with it to form one word:*

glielo	*it to him/her/you*
gliela	*it to him/her/you*
glieli	*them to him/her/you*
gliele	*them to him/her/you*

Anna vuole leggere quel libro: glielo porto.
Anna wants to read that book; I'll take it to her.
Giovanni aspetta questa lettera: gliela mando.
Giovanni is waiting for this letter; I'll send it to him.
Le piacciono quei fiori? Glieli porto.
Does she/Do you like those flowers? I'll take them to her/you.
Lei preferisce le rose? Gliele compro.
Does she/Do you like roses best? I'll buy them for her/you.

Mi *(to me)*, ti *(to you, informal singular)*, ci *(to us)* and vi *(to you, plural)* change respectively to me, te, ce and ve in front of a direct object pronoun:

Posso leggere il tuo giornale? Sì, te lo do subito.
Can I read your paper? Yes, I'll give it to you straight away.

Riflessivi *Reflexives* (Unità 2)

(io)	**mi** sveglio
(tu)	**ti** vesti
(lui/lei)	**si** chiama
(noi)	**ci** alziamo
(voi)	**vi** lavate
(loro)	**si** riposano

Like other personal pronouns, these go in front of the verb, except with the infinitive, the imperative and the gerund.

See also page 250.

Ci *there* (Unità 4)

Ci vado domani.	*I'm going there tomorrow.*	
C'è un tavolo.	*There is a table.*	(singolare)
Ci sono tre sedie.	*There are three chairs.*	(plurale)

Ne *of it, of them* (Unità 4)

Ne *is often accompanied by an expression of quantity (numerals, weight,* molto/poco/quanto*). It goes before the verb, except when used with the infinitive, the imperative and the gerund.*

Quanto burro vuole, signora?
How much butter would you like, Madam?
Ne prendo un etto, grazie.
I'll have 100 grams, please.

Note: c'è *becomes* ce n'è *and* ci sono *becomes* ce ne sono:

Scusi, c'è un telefono?
Excuse me, is there a phone?
Sì, ce n'è uno a destra.
Yes, there's one on the right.

Scusi, c'è un bar qui vicino?
Excuse me, is there a bar nearby?
Ce ne sono due a Piazza Cavour.
There are two in Piazza Cavour.

Pronomi relativi: che
Relative pronouns
(Unità 12)

Che *(that, which, who, whom)* can be used both as subject and as direct object, for both people and things.

La persona che viaggia
The person who is travelling
Il treno che arriva alle 10
The train which arrives at 10
Le persone che aspettiamo
The people whom we are waiting for
I vestiti che ho comprato
The clothes that I bought

Interrogativi *Interrogatives*
(Unità 2, 5, 6, 7)

Forma interrogativa *Question form*

There is no special structure for questions in Italian. The intonation and the special words listed below tell you that the sentence is a question.

Aggettivi e pronomi interrogativi
Interrogative adjectives and pronouns

Chi? Che cosa?

Chi è? Con chi parlo?	*Who?*
Who is it? Who am I speaking to?	
Che cosa prendi?	*What?*
(or: Che prendi?	
or: Cosa prendi?*)*	
What are you having?	

Che?

| Che ora è? Che ore sono? | *What?* |
| Che posti prendiamo? | *Which?* |

Quanto?

Quanto zucchero vuoi?	*How much?*
Quanta verdura desidera?	
Quanti biglietti vuole?	*How many?*
Quante volte sei andato in Italia?	

Note:

Quanto viene l'uva?	*How much is/are . . . ?*
Quanto vengono i pomodori?	
Quant'è in tutto?	

Quale?

Quale film preferisci vedere?	*Which?*
Di queste scarpe, quali preferisci?	*Which ones?*

Note:

Qual è l'indirizzo di Ada?	*What is . . . ?*
Qual è la tua casa?	*Which is . . . ?*

Avverbi interrogativi
Interrogative adverbs   (Unità 7)

Dove?	*Where?*
	Dove abitate? Di dove siete?
Come?	*How?*
	Come ci arrivo?
Quando?	*When?*
	Quando parte il rapido?
Perché?	*Why?*
	Perché non vieni con noi?

Esclamativi   *Exclamations*
(Unità 5)

Che freddo!	*How cold it is!*
Che caldo fa!	*How hot it is!*
Che concerto magnifico!	*What a wonderful concert!*
Che bella chiesa!	*What a nice church!*
Che bello!	*How wonderful!*
Come sono contento!	*How happy I am!*

Indefiniti   *Indefinite quantity*

Aggettivi   *Adjectives*
(Unità 6, 11)

Ogni *(every)* and qualche *(some/any) are always used with singular nouns. However,* qualche + *a singular, countable noun is usually translated with the plural in English.*

Vado in Italia **ogni anno**.
I go to Italy every year.
Fai ginnastica **ogni giorno**?
Do you do exercises every day?
Metti **qualche foglia** di basilico.
Put in a few/some basil leaves.
Hai **qualche giornale** italiano?
Have you got any Italian papers?

For other translations of 'some', see Articolo partitivo, *page 249.*

Pronomi   *Pronouns*   (Unità 9)

Note that the same forms are used in both affirmative sentences and questions.

qualcuno	*somebody/someone, anybody/anyone*
qualcosa	*something, anything*

C'è qualcuno a casa?
Is there anyone at home?
Ha telefonato qualcuno per te.
Someone phoned for you.
Prendiamo qualcosa da bere?
Shall we have something to drink?
Hai fatto qualcosa di bello a Natale?
Did you do anything nice at Christmas?

Note: qualcosa di   bello
                      nuovo
        *something/anything   nice
                              new*

Negativo   *The negative*
(Unità 13)

Forma negativa   *Negative form*

To make a negative sentence, you simply place non *before the verb:*

Parlo francese.
Non parlo francese.

Aggettivi e pronomi negativi
Negative adjectives and pronouns

When using the pronouns niente *(nothing) and*
nessuno *(nobody), and the adverb* mai *(never), place*
non *in front of the verb.*

Non capisco niente.
I don't understand anything.
Non c'è nessuno.
There is no one there.
Non andiamo mai a teatro.
We never go to the theatre.

Note: When nessuno *or another negative begins the*
sentence, non *is not used.*

Nessuno ci vede. *No one can see us.*

Nessuno *is also an adjective. It is always singular*
and has endings like the indefinite article:

Non ha nessun amico.
He has no friends.
Non vedo nessuna penna sul tavolo.
I see no pen on the table.

Preposizioni   *Prepositions*

The common prepositions

The following are among the most common
prepositions:

a	*to, at*
con	*with*
da	*from, by*
di	*of*
in	*in, at*
per	*for*
senza	*without*
su	*on*
tra/fra	*between, among*

A *is used to indicate:* (Unità 1, 2, 4, 5, 6, 10)

- *an indirect object:*
  Telefono a Lisa.
  A Sandro piace il tè.

- *location:*
  San Pietro è a Roma.
  La porta è a destra. *(on the right)*

- *direction:*
  Vada a sinistra. *(to the left)*
  Andiamo al cinema. (a + il)
  (see Preposizioni articolate, *page 249)*
  Vado a fare una passeggiata.
  (see Special structures, page 253)

- *time:*
  a mezzogiorno
  Ci vediamo alle cinque. (a + le)

- *price per . . . .*
  2500 lire al chilo (a + il)

- *style:*
  tagliatelle alla bolognese (a + la)

Con/Senza (Unita 1)

Un caffè con zucchero e senza latte, per favore.

Da *is used to indicate:* (Unità 2, 5, 8)

- *starting point (place):*
  L'aereo parte da Torino alle 6.
  The plane leaves (from) Turin at 6.

- *starting point (time):*
  Orario di apertura: dalle 5 alle 7
  Opening times: from 5 to 7
  Lavoro qui da due anni.
  I have been working here for 2 years.
  (see Special structures, page 253)

- *place: at somebody's/at a shop:*
  Vieni da noi stasera?
  Vado dal fruttivendolo a comprare le mele.

- *use:*
  un vestito da uomo
  scarpe da donna
  camera da letto
  Note: **da** + infinito
  molte cose da fare
  many things to do/to be done

Di *is used to indicate:* (Unità 1, 6, 8, 10)

- *belonging, property:*
  Di chi è questa penna?
  Whose pen is this?
  È la penna di Gianni.
  It is Gianni's pen.

- *origin:*
  Di dove sei?
  Where are you from?
  Sono di Milano.
  I am from Milan.

- *quantity:*
  un chilo di patate
  due litri di latte
  un po' di zucchero
  un milione di lire

- *material:*
  un orologio d'oro, una borsa di pelle
  a gold watch, a leather bag

- *authorship:*
  un film di Fellini, una statua di Michelangelo

In *is used to indicate:* (Unità 1, 4, 5)

- *location/direction:*
  Ho molti amici a Perugia, in Umbria.
  Andiamo in Italia, a Siena.
  Vado in centro.

  Note: **in** *is used with names of countries and regions,* **a** *with names of towns and cities.*

- *means of transport:*
  Vado in treno, non in macchina.
  Mi piace andare in aereo.

Per (Unità 1, 8, 10, 12)

Un regalo per te e uno per lei.
Note: **per** + infinito *(in order to)*
Scusi, c'è un autobus per andare al Colosseo?

Su (Unità 4)

Il gatto dorme sul divano.

Tra/Fra *are used to indicate:*

- *place:*
  tra Piazza Navona e il Corso
  between Piazza Navona and the Corso

- *time:*
  Partiamo tra due giorni.
  We shall leave in two days.

Altre preposizioni di luogo
Other prepositions of location
(Unità 4, 5)

Davanti a *(in front of, outside)*

È davanti a te.
It's in front of you.
Ci vediamo davanti al cinema.
Let's meet outside the cinema.

Di fronte a *(opposite)*

il ristorante di fronte al Teatro Manzoni
the restaurant opposite the Teatro Manzoni

Sotto/Sopra *(under/over)*

Sotto la pianta c'è il tappeto.
Sopra il caminetto c'è un bel quadro.

Preposizioni articolate
Prepositions combined with definite article (Unità 4, 6)

The most common prepositions – a, da, di, in, su – combine with the definite article to form preposizioni articolate, *both in the singular and the plural:*

Sul divano vicino alla finestra nel soggiorno del signor Rossi c'è un cuscino che viene dalla Persia.

Singolare		Plurale	
a + il	= al	a + i	= ai
a + lo	= allo	a + gli	= agli
a + la	= alla	a + le	= alle
a + l'	= all'		
da + il	= dal	da + i	= dai
da + lo	= dallo	da + gli	= dagli
da + la	= dalla	da + le	= dalle
da + l'	= dall'		
di + il	= del	di + i	= dei
di + lo	= dello	di + gli	= degli
di + la	= della	di + le	= delle
di + l'	= dell'		
in + il	= nel	in + i	= nei
in + lo	= nello	in + gli	= negli
in + la	= nella	in + le	= nelle
in + l'	= nell'		
su + il	= sul	su + i	= sui
su + lo	= sullo	su + gli	= sugli
su + la	= sulla	su + le	= sulle
su + l'	= sull'		

Articolo partitivo
some (Unità 6)

The preposizione articolata **del, dello, della, dell', dei, degli, delle** *(di + definite article) is used to indicate indefinite quantity:*

Nel frigo c'è del vino, della mozzarella, e dell'acqua minerale.
In the fridge there is some wine, some mozzarella and some mineral water.

Vado a Napoli, dove ho dei cari amici.
I am going to Naples, where I have some close friends.

To translate 'some' you can also use qualche *(page 247) and, with uncountable nouns,* un po' di:

Vorrei un po' di formaggio e un po' d'acqua.

Reflexive verbs form the present tense in the same way, but with the reflexive pronoun in front of the verb:

(io)	**mi** chiamo
(tu)	**ti** chiami
(lui/lei)	**si** chiama
(noi)	**ci** chiamiamo
(voi)	**vi** chiamate
(loro)	**si** chiamano

Verbi *Verbs*

Verbi regolari *Regular verbs* (Unità 1, 2, 4, 11)

The three main groups of Italian verbs are classified according to whether their infinitive ends in -are, -ere *or* -ire.

lavor**are**   prend**ere**   dorm**ire**/cap**ire**

Different tenses are formed by adding different endings to the stem of the verb. For example:
lavor- *(stem)* + -o *(ending)* = lavoro *(I work)*

Verbi riflessivi *Reflexive verbs* (Unità 2)

-**si** *at the end of an infinitive indicates that the verb is reflexive:*

alzar**si**, vestir**si**, lavar**si**, riposar**si**, chiamar**si**

Presente *Present*

a Verbi regolari *Regular verbs*

	-are	-ere
(io)	lavor**o**	prend**o**
(tu)	lavor**i**	prend**i**
(lui/lei)	lavor**a**	prend**e**
(noi)	lavor**iamo**	prend**iamo**
(voi)	lavor**ate**	prend**ete**
(loro)	lavor**ano**	prend**ono**

	-ire	*
(io)	dorm**o**	cap**isco**
(tu)	dorm**i**	cap**isci**
(lui/lei)	dorm**e**	cap**isce**
(noi)	dorm**iamo**	cap**iamo**
(voi)	dorm**ite**	cap**ite**
(loro)	dorm**ono**	cap**iscono**

* *Some* -ire *verbs are like* capire *and add* -isc *in front of the* io, tu, lui/lei *and* loro *endings in the present:* preferire, pulire, finire, *etc.*

b Ausiliari *Auxiliary verbs*

	essere *(to be)*	avere *(to have)*
(io)	sono	ho
(tu)	sei	hai
(lui/lei)	è	ha
(noi)	siamo	abbiamo
(voi)	siete	avete
(loro)	sono	hanno

c Potere, dovere, volere

Potere, dovere, volere *are usually followed by the infinitive:*
Non posso uscire.   *I can't go out.*
Devo rimanere a casa.   *I must stay at home.*

	potere *(to be able to)*	dovere *(to have to)*
(io)	posso	devo
(tu)	puoi	devi
(lui/lei)	può	deve
(noi)	possiamo	dobbiamo
(voi)	potete	dovete
(loro)	possono	devono

	volere *(to want to)*
(io)	voglio
(tu)	vuoi
(lui/lei)	vuole
(noi)	vogliamo
(voi)	volete
(loro)	vogliono

Andiamo al cinema? Mi dispiace, non posso.
Shall we go to the cinema? I am sorry, I can't.
Dobbiamo essere alla stazione alle 7,30.
We have to be at the station at 7.30.
Non vuole venire con noi.
She does not want to come with us.

d Altri verbi irregolari *Other irregular verbs*

fare	**andare**
(to do, make)	*(to go)*
faccio	vado
fai	vai
fa	va
facciamo	andiamo
fate	andate
fanno	vanno

stare	**dare**
(to be, stand)	*(to give)*
sto	do
stai	dai
sta	dà
stiamo	diamo
state	date
stanno	danno

venire	**uscire**
(to come)	*(to go out)*
vengo	esco
vieni	esci
viene	esce
veniamo	usciamo
venite	uscite
vengono	escono

Star facendo *Continuous tense* (Unità 8)

The present continuous tense is expressed by the present tense of stare + *gerund.*

The gerund is formed by adding -ando (-are *verbs*) *or* -endo (-ere *and* -ire *verbs*) *to the verb stem.*

sto		
stai	parl**ando**	(-are)
sta	scriv**endo**	(-ere)
stiamo		
state	usc**endo**	(-ire)
stanno		

Che stai facendo? *What are you doing?*
In questo momento sto ascoltando la radio.
Just now I am listening to the radio.
Sto pensando alle vacanze.
I'm thinking about the holidays.

Il passato *The past tenses*

There are two main tenses in Italian for talking about the past. To say **what you did** *or* **have done**, **what happened** *or* **has happened**, *you use the* passato prossimo *(perfect tense).*

To describe **the way things were** *in the past, you use the* imperfetto *(imperfect).*

Siamo andati a Roma. Il tempo era stupendo.
We went to Rome. The weather was wonderful.
(event)   *(description)*

Passato prossimo *Perfect* (Unità 9, 12)

Sono andato a una bella festa.
I went to/I have been to a nice party.
Ho ballato tutta la notte.
I danced all night.

To form the passato prossimo *you need the appropriate person of the auxiliary (*sono/ho *etc. from* essere *or* avere*) and the past participle (*andato, ballato *etc.).*

ho			sono		
hai	mangi**ato**		sei		and**ato/a**
ha			è		ven**uto/a**
	bev**uto**				
abbiamo			siamo		
avete	dorm**ito**		siete		usc**iti/e**
hanno			sono		

Most verbs of motion and change, essere *itself and all reflexive verbs take* **essere**. *All other verbs take* **avere**.

When using essere, *the ending of the past participle must agree in gender (masculine/feminine) and number (singular/plural) with the subject:*

Massimo: Sono partit**o** il 2 gennaio.
Mi sono divertit**o** moltissimo.

Mirella: Sono partit**a** il 2 gennaio.
Mi sono divertit**a** moltissimo.

Participio passato *Past participle*

Regular verbs have regular past participles ending in:

-ato (-are *verbs*)	amato (amare)
-uto (-ere *verbs*)	temuto (temere)
-ito (-ire *verbs*)	dormito (dormire)

Here are some common irregular participles:

bevuto (bere)	nato (nascere)
detto (dire)	preso (prendere)
stato (essere)	risposto (rispondere)
fatto (fare)	scritto (scrivere)
letto (leggere)	successo (succedere)
messo (mettere)	visto (vedere)
morto (morire)	

L'imperfetto   *Imperfect* (Unità 13)

In regular verbs, the imperfect is formed by dropping the final -are/-ere/-ire of the infinitive and adding the imperfect endings:

tornare	vedere	partire
tornavo	vedevo	partivo
tornavi	vedevi	partivi
tornava	vedeva	partiva
tornavamo	vedevamo	partivamo
tornavate	vedevate	partivate
tornavano	vedevano	partivano

The following are irregular:

essere	fare	dire
ero	facevo	dicevo
eri	facevi	dicevi
era	faceva	diceva
eravamo	facevamo	dicevamo
eravate	facevate	dicevate
erano	facevano	dicevano

Futuro   *Future*   (Unità 12, 13)

The future is formed by dropping the final -e of the infinitive and adding the future endings. Note that -are verbs change a into e.

arrivare	prendere	partire
arriverò	prenderò	partirò
arriverai	prenderai	partirai
arriverà	prenderà	partirà
arriveremo	prenderemo	partiremo
arriverete	prenderete	partirete
arriveranno	prenderanno	partiranno

The following verbs are irregular in the future tense:

essere	avere
sarò	avrò
sarai	avrai
sarà	avrà
saremo	avremo
sarete	avrete
saranno	avranno

Some other verbs with an irregular future stem are: andrò (*from* andare), dovrò (dovere), potrò (potere), verrò (venire) *and* vorrò (volere).

Imperativo   *Commands* (Unità 5, 11)

Tu/voi *(informal)*

For most verbs, the tu *(2nd person singular) and* voi *(2nd person plural) imperatives are the same as the present tense, with the exception of the* tu *form of -are verbs; this ends in -a.*

	tu	voi
(cercare)	cerca	cercate
(stringere)	stringi	stringete
(unire)	unisci	unite

The negative form for the 2nd person singular (tu) *is:*

non + infinito

Giacomo, non fumare in macchina, per favore.

To give a negative command in the 2nd person plural, you place non *in front of the* voi *command form:*

Non andate a Napoli.

Lei *(formal)*

The lei *form of the imperative ends in -i for -are verbs and in -a for all other verbs (including irregular verbs):*

giri	(girare)	*turn*
prenda	(prendere)	*take*
vada	(andare)	*go*
scelga	(scegliere)	*choose*

The negative is formed by placing non *in front of the command:*

Non vada.   *Don't go.*

Noi *(Let's . . .)*

The noi *form of the imperative is usually the same as the* noi *present indicative form:*

Andiamo al cinema.   *Let's go to the cinema.*

The negative is formed by placing non *in front of the command:*

Non partiamo troppo presto.
Let's not leave too early.

Strutture speciale   *Special structures*

Andare + a + infinito (Unità 10)

Andiamo a ballare!   *Let's go dancing.*
Mario va a fare spese.   *Mario is going shopping.*

Avere

Ho freddo/caldo.	*I am cold/hot.*
Hai fame?	*Are you hungry?*
Ho sete.	*I am thirsty.*
Ho la febbre.	*I am feverish.*

Fare   (Unità 2, 12, 13)

Che tempo fa?	*What's the weather like?*
Fa freddo.	*It's cold.*
Fa caldo.	*It's hot.*
Facciamo colazione alle 8.	*We have breakfast at 8.*
Faccio una passeggiata.	*I am going for a walk.*
Fai la doccia o fai il bagno?	*Are you having a shower or a bath?*

Sapere/conoscere   (Unità 9)

- *To know (a fact):*

  Sa l'ora per favore?
  Do you know the time, please?

- *To know how to/have a skill:* **sapere** + infinito

  Non so sciare.   *I can't ski.*
  Sai guidare?   *Can you drive?*

- *To know a person or a place:* **conoscere**

  Conosci Firenze?
  Do you know Florence?
  No conosco tuo fratello.
  I don't know your brother.

Piacere   (Unità 2, 4, 7)

The verb piacere *(to like, to enjoy) agrees with the thing that is liked.*

Mi **piace** la pizza.
I like pizza. (singolare)
Mi **piacciono** gli spaghetti.
I like spaghetti. (plurale)

The person 'who likes' is expressed by the indirect object pronoun:

mi		*I like*
ti		*you like (informal s)*
gli		*he likes/they like (informal)*
le	piace/piacciono	*she likes/you like (formal s)*
ci		*we like*
vi		*you like (pl)*
piace/piacciono loro		*they like (formal)*

Gli piace quella canzone.   *He likes that song.*
Ti piace sciare?   *Do you like skiing?*

With a person's name or a noun, the preposition **a** *is needed:*

A Stefano piace il tennis.   *Stefano likes tennis.*
(literally: Tennis is pleasing to Stefano.)
A mio figlio piacciono i cioccolatini.   *My son likes chocolates.*
(literally: Chocolates are pleasing to my son.)

When speaking formally to someone, use **le**:

Le piace il suo lavoro?
Do you like your job?
Le piacciono le canzoni napoletane?
Do you like Neapolitan songs?

Note the emphatic structure with personal pronouns:

A me piace Pavarotti, **a lei** piace Domingo.
I like Pavarotti, she likes Domingo.

Da quanto tempo . . . ?   *How long . . . for?*   (Unità 2, 7)

To indicate the length of time that an action has been happening use:

Da + *length of time* + *present tense*

Da quanto tempo studi l'italiano?
Da tre mesi.
How long have you been studying Italian?
For three months.
Vive a Londra da molto tempo?
Have you been living in London for a long time?

Si impersonale   *One/you/people*   (Unità 6, 7, 12)

Si is an impersonal subject pronoun, meaning 'one', 'you', 'people'. It always takes the **third person** *of the verb.*

If the verb has no object or a singular object:
si + *3rd person singular*

Si arriva in 5 minuti.
You get/One gets there in 5 minutes.
Al mercato si risparmia.
You save money at the market.
Qui si vende vino buono.
Good wine is sold here.

If the verb has a plural object: **si** + *3rd person plural*

Qui si parlano molte lingue.
Many languages are spoken here.
Dove si comprano i fiori?
Where can you buy flowers?

Note: In advertisements, **si** *is added to the end of the verb for brevity:*

Cercasi rappresentante	*Representative wanted*
Affittasi casa	*House to let*
Vendonsi appartamenti	*Flats for sale*

Espressioni impersonali con l'infinito *Impersonal expressions with the infinitive*

- **essere** + *adjective/adverb* + *infinitive*

È	bello	rivederti!
	importante	arrivare in orario.
	una buona idea	prendere un tassì.
	bene	fare ginnastica.
	meglio	camminare nei boschi.

It's lovely to see you again!
It's important to arrive on time.
It's a good idea to take a taxi.
It's good to do exercises.
It's better to go walking in the woods.

- **bisogna** + *infinitive*

Bisogna *means 'it is necessary', 'you/one must'. It is followed by the infinitive:*

Per andare alla stazione bisogna prendere il 38.
To get to the station you must take the 38 (bus).
Bisogna fare la spesa; non c'è niente in casa.
We must do the shopping; there is no food at home.

Note: the verb bisognare *is never used in any other way. 'To need (something)' is expressed by* avere bisogno di:

Hai bisogno di qualcosa?
Do you need anything?
Fa freddo! Ho bisogno di un golf.
It's cold! I need a jumper.

- **ci vuole, ci vogliono** (for volere *see page 250*)

The third person of the verb volere *is used with* ci *in the sense of 'it takes . . .':*

Quanto ci vuole per arrivare a San Pietro?
How long does it take to get to San Pietro?
Ci vuole solo un quarto d'ora.
It only takes half an hour.

Note the plural:

Ci vogliono solo venti minuti.
Ci vogliono molti soldi per comprare quella casa.

Vocabolario inglese–italiano

English words:
vb *is indicated in all cases.*
n, adj *and* adv *are indicated only where necessary to distinguish these from a verb or other part of speech*

Italian words:
The definite article is given for every noun.
The gender (m *or* f) *is indicated only for nouns ending in* -e.
For nouns used in the plural only, mpl *or* fpl *is indicated.*
Both masculine and feminine endings are indicated for adjectives ending in -o/a.
inv *is indicated only where necessary to avoid confusion.*

A

abandon (*vb*) abbandonare
about circa
  —*fifteen, ten* una quindicina, una decina
above sopra
  —*all* soprattutto
abroad all'estero
accident l'incidente (m)
accommodation l'alloggio
according to me, us, etc. secondo me, noi, ecc.
activity l'attività (f)
actor, actress l'attore (m), l'attrice (f)
add (*vb*) aggiungere
address l'indirizzo
advantage il vantaggio
advertisement l'annuncio, la pubblicità
advice il consiglio
  give — (*vb*) dare un consiglio (a), consigliare
affectionate affettuoso/a
afraid (of), be avere paura (di)
after dopo
afternoon il pomeriggio
  good —! buongiorno!, (*after 4pm*) buonasera
again ancora
age (*n*) l'età (f)
ago: two months — due mesi fa
agree (*vb*) essere d'accordo
air l'aria (f)
airport l'aeroporto
all tutto/a
  —*the best* cari saluti
  —*right* bene!, va bene!, d'accordo!
alone solo/a
also anche
always sempre
among tra
animal l'animale (m)
anyone qualcuno
  is —*home?* c'è qualcuno in casa?
anything qualcosa
apartment l'appartamento

apple la mela
après-ski il dopo-sci (inv)
April aprile
architect l'architetto
area, district (in town) il quartiere (m)
arm, arms il braccio, le braccia (fpl)
armchair la poltrona
arrival l'arrivo
arrive (*vb*) arrivare
artist l'artista (m/f)
as come
ashtray il portacenere (m)
ask for (*vb*) chiedere
  —*directions* chiedere la strada
aspirin l'aspirina
assistant (shop) il commesso, la commessa
at a
August agosto
autumn l'autunno
avenue il viale
average (*adj*) medio/a
away
  three miles — a tre miglia (di distanza)

B

back (*n*) la schiena
back (*adv*) indietro
  get — (*vb*) tornare (indietro)
backwards a rovescio (inv)
bacon la pancetta
bad cattivo/a
bag, handbag la borsa
baggage il bagaglio
  —*claim* il ritiro bagagli
baker il fornaio
bakery la panetteria
balcony il balcone (m), il terrazzo
banana la banana
bank la banca
bargain l'occasione (f)
  it's a — è un'occasione
basil il basilico
basketball la pallacanestro (f)

bath il bagno
  have a — (*vb*) fare il bagno
bathroom il bagno
be (*vb*) essere
  (*place*) stare, trovarsi
  be well/ill stare bene/male
beach la spiaggia
beard la barba
beat (*vb*) (*eggs, etc.*) sbattere
beautiful bello/a, stupendo/a
because perché
become (*vb*) diventare
bed il letto
bedroom la camera da letto
beer la birra
beer-house la birreria
before (*time*) prima, (*place*) davanti a
  —*going* prima di andare
begin (*vb*) cominciare, iniziare
beginner il/la principiante
behind dietro
bell la campana
better (*adv*) meglio (inv)
between tra
bicycle, bike la bicicletta, la bici (f)
big grande, grosso/a
biologist il biologo, la biologa
bird l'uccello
birthday il compleanno
bit: a —*of* un po' di
bitch la cagna
black nero/a
block of flats il palazzo
blond biondo/a
blouse la camicetta
blue azzurro/a, blu
board (timetable) la tabella
  full — (*hotel*) pensione completa
  half — mezza pensione
on board (aeroplane) a bordo
boarding (*n*) l'imbarco
boat la barca
body il corpo
boil (*vb*) bollire
boiling hot bollente

book (*n*)   il libro
 —*of tickets*   il blocchetto di biglietti
book (*vb*)   prenotare
booking   prenotazione (f)
bookshop   la libreria
bored (*adj*)   annoiato/a
 get —(*vb*)   annoiarsi
boring   noioso/a
born   nato/a
 I was —*in 1967*   sono nato nel 1967
bottle   la bottiglia
box   la scatola, (*on page*) il riquadro
box office   il botteghino
boy (*small*)   il bambino, il ragazzino
 (*teenager*) il ragazzo
brand name   la marca
bread   il pane (m)
 —*roll*   il panino, la rosetta
 —*stick*   lo sfilatino
break (*vb*)   rompere
breakfast   la colazione (f)
 to have —   fare colazione
bring (*vb*)   portare
brochure   l'opuscolo
brother   il fratello
brown (*adj*)   marrone
brown (*vb*) (*cooking*)   rosolare
building   l'edificio
burn (*n*)   la bruciatura
burn (*vb*)   bruciare
bus   l'autobus, il bus
business   gli affari (mpl)
businessman/woman   l'uomo/la donna d'affari
busy   occupato/a
butcher   il macellaio
butcher's   la macelleria
butter   il burro
buy (*vb*)   comprare
by   da
 (*close by*) vicino a
bye bye   arrivederci
 —*!*   ciao!

C

cake   la torta, il dolce (m)
cake shop   la pasticceria
call (*vb*)   chiamare, (*phone*) telefonare (a)
 phone —(*n*)   la telefonata
calm (*adj*)   calmo/a
can (*vb*) (*be able to*)   potere, (*know how to*) sapere
canary (*bird*)   il canarino
canvas (*n*)   la tela, (*adj*) di tela
captain   il comandante
car   la macchina
caravan   la roulotte (f)
card (*postcard*)   la cartolina
 credit —   la carta di credito
carpet   il tappeto
carrot   la carota
carry (*vb*)   portare
carton (*of*)   un cartone (di)
cartoons   i cartoni animati

cat   il gatto, la gatta
catch (*vb*)   prendere
centre   il centro
chair   la sedia
change (*vb*)   cambiare
chat (*vb*)   chiacchierare
cheap   economico/a, a buon prezzo
checked (*adj*) (*material*)   a quadri (inv)
cheese   il formaggio
chemist's   la farmacia
cheque   l'assegno
 —*book*   il libretto degli assegni
chest (*body*)   il petto
chest of drawers   il cassettone (m)
chestnut (*colour*)   castano/a
chicken   il pollo
children   i figli (mpl)
china   la porcellana
chocolate   la cioccolata
choice   la scelta
choose (*vb*)   scegliere
chosen   scelto/a
Christmas   Natale (m)
 —*tree*   l'albero di Natale
church   la chiesa
circle (*theatre*)   la galleria
clasp (*vb*)   stringere
clean (*adj*)   pulito/a, (*vb*) pulire
clear   limpido/a, (*weather*) sereno/a
close (*vb*)   chiudere
clothes   i vestiti (mpl)
 —*shop*   (il negozio di) abbigliamento
coat   il cappotto
coffee   il caffè (m)
cold (*adj*)   freddo/a
 I'm —   ho freddo
 it's —   fa freddo
cold (*n*)   il raffreddore (m)
collect (*vb*)   ritirare
colour   il colore (m)
come (*vb*)   venire
 —*on!*   dai!, forza!
comfortable   comodo/a
composed (*of*)   composto/a (di)
concert   il concerto
cook (*n*)   il cuoco, la cuoca
cook (*vb*)   cuocere
corner   l'angolo
 round the —   all'angolo
corridor   il corridoio
cotton (*n*)   il cotone (m), (*adj*) di cotone
cough   la tosse (f)
 —*mixture*   lo sciroppo
counter (*shop*)   il banco
countryside   la campagna
courgettes   le zucchine (fpl)
cousin   il cugino, la cugina
cream   (*hand etc.*) la pomata, la crema, (*dairy*) la panna
crisps   le patatine (fpl)
croissant   il cornetto
crowd   la folla
crowded   affollato/a
cruise   la crociera

cupboard   l'armadio
curly   riccio/a
currency   la valuta
cushion   il cuscino
customer   il/la cliente (m/f)
customs   la dogana
cut (*vb*)   tagliare, (*n*) il taglio
cyclist   il/la ciclista (m/f)

D

daily   quotidiano/a
dance (*vb*)   ballare
dangerous   pericoloso/a
dark   scuro/a
 —*haired*   bruno/a
date   la data
 —*of birth*   la data di nascita
daughter   la figlia
day   il giorno, la giornata
December   dicembre
decrease (*vb*)   diminuire
delicatessen   la salumeria
 owner of —   il salumiere (m)
demanding   impegnativo/a
department store   i grandi magazzini (mpl)
departure   la partenza
depend (*on*) (*vb*)   dipendere (da)
desk   il banco
dessert   il dolce (m)
detective novel   il giallo
die (*vb*)   morire
difficult   difficile
dine (*vb*)   pranzare
dining room   la camera da pranzo
dinner   (*lunchtime*) il pranzo, (*evening*) la cena
directions   le indicazioni stradali (fpl)
dirty   sporco/a
disadvantage   lo svantaggio
discount, reduction   lo sconto
dish   il piatto
 do the dishes (*vb*)   fare/lavare i piatti
disinfect (*vb*)   disinfettare
district (*in town*)   il quartiere (m)
divorced   divorziato/a
do (*vb*)   fare
doctor   la dottoressa (f), il dottore (m)
document   il documento
documentary   il documentario
dog   il cane (m)
done   fatto/a
door   la porta
double (*adj*)   doppio/a
dress (*n*)   il vestito (da donna)
dress (*vb*)   vestirsi
drink (*n*)   la bibita
drink (*vb*)   bere
drive (*vb*)   guidare
driving licence   la patente (f)
drops   le gocce (fpl)
dry (*adj*)   secco/a
dry (*vb*)   asciugare
during   durante (inv)

E

ear, ears l'orecchio, le orecchie (fpl)
early presto (inv)
earrings gli orecchini
East est
Easter Pasqua
eastern orientale
easy facile
eat (vb) mangiare
economy car l'utilitaria
elbow il gomito
electrical appliances gli elettrodomestici (mpl)
empty (adj) vuoto/a
end (n) la fine (f)
  at the—of (time) alla fine di, *(place)* in fondo a
  —of season (adj) di fine stagione
end (vb) finire
energy l'energia, le forze (fpl)
engine (car) il motore (m)
England l'Inghilterra
English (language) l'inglese, *(adj)* inglese
enjoy oneself (vb) divertirsi
enjoyable divertente
enter (vb) entrare (in)
entrance hall l'ingresso
evening la sera
  good— buonasera
every ogni (inv)
everything tutto
  —included tutto compreso
everywhere dappertutto
exchange (rate) (n) il cambio
excursion la gita
excuse me (formal) scusi, *(informal)* scusa
exercise (n) l'esercizio
exercise (vb) fare ginnastica
exhibition la mostra
expensive caro/a
experienced esperto/a
eye, eyes l'occhio, gli occhi

F

face la faccia, il viso
facilities le attrezzature (fpl), i servizi (mpl)
factory la fabbrica
  —worker l'operaio (m), l'operaia (f)
fall (vb) cadere
far (away) lontano
fashion la moda
fast veloce
fat (adj) grasso/a
father il padre (m)
Father Christmas Babbo Natale
favourite preferito/a
February febbraio
fee (booking) la quota
feel (vb) sentire
  —well/ill sentirsi bene/male
  —like avere voglia di
  do you—like . . . ? ti va di . . . ?
ferry il traghetto

fiancé, fiancée il fidanzato, la fidanzata
field il prato, il campo
fifteen quindici
fight (vb) combattere
figures le cifre (fpl)
fill (vb) riempire
  can you—it up? (car) mi fa il pieno?
find (vb) trovare
  —one's way orientarsi
finger, fingers il dito, le dita (fpl)
finish (vb) finire
first (adj) primo/a, *(adv)* per primo/a
  —course il primo (piatto)
  —of all prima di tutto
fish (n) il pesce (m)
fish (vb) pescare
  go—ing andare a pesca
five cinque
flat (n) l'appartamento
flight il volo
floor il pavimento, *(storey)* il piano
floral a fiori (inv)
flower il fiore (m)
fog la nebbia
food il mangiare (m)
foot, feet il piede (m), i piedi
  on— a piedi
football il calcio
for per
  —heaven's sake! per carità!
forbidden vietato
forecast le previsioni (fpl)
foreign straniero/a
foreseen previsto/a
forget (vb) dimenticare
fork (n) la forchetta
four quattro
free (adj) libero/a
free (vb) liberare
French francese
  —beans i fagiolini
fresh fresco/a
Friday venerdì
friend l'amico, l'amica
from da, *(origin)* di
  where are you—? di dov'è lei?
frozen food i surgelati (mpl)
fruit la frutta
  —juice il succo di frutta
fry (vb) friggere
full pieno/a
furniture i mobili (mpl)
  piece of— il mobile (m)

G

game il gioco
garage il garage
garden il giardino
gardening il giardinaggio
garlic l'aglio
gate (airport) l'uscita
generally generalmente
German tedesco/a
Germany la Germania

get (vb) prendere
  —down/off (vb) scendere (da)
  —dressed vestirsi
  —tired stancarsi
  —up (vb) alzarsi
gift il regalo
girl (small) bambina, *(teenager)* ragazza
give (vb) dare
  —as a present (vb) regalare
glass (drinking) il bicchiere (m)
glasses (spectacles) gli occhiali (mpl)
gloves i guanti (mpl)
  ski— i guantoni da sci (mpl)
go (vb) andare
  —dancing (vb) andare a ballare
  —go down (vb) scendere
  —for a swim (vb) fare una nuotata
  —out (vb) uscire
  —riding (vb) andare a cavallo
  —to bed (vb) andare a letto
  —up (vb) (prices, figures) aumentare, salire
  —up (stairs) (vb) salire (le scale)
goggles gli occhiali da sci (mpl)
gold (n) l'oro, *(adj)* d'oro
good (adj) buon, buono (m), buona (f)
  —(at) bravo/a (in)
  —day/morning buongiorno
  —evening buonasera
  —night buonanotte
  —! very—! bene! benissimo!
gramme un grammo
  100 grammes un etto
grandchild il nipotino, la nipotina
grandfather il nonno
grandmother la nonna
grapes l'uva
green verde
greengrocer il fruttivendolo
greetings i saluti (mpl)
  warm— cari saluti
grey grigio/a
grilled alla griglia
grocer's (il negozio di) alimentari
ground floor il pianterreno
group il gruppo
  pop— il complesso
grow flowers (vb) coltivare fiori
gymnasium la palestra

H

hair i capelli (mpl)
hairdresser il parrucchiere, la parrucchiera
half mezzo/a
  —past four le quattro e mezza
half board mezza pensione
hall (house) l'ingresso
hallo! (phone) pronto!
ham il prosciutto
hand, hands la mano (f), le mani (fpl)
handbag la borsa
handy comodo/a

happiness la felicità
happy contento/a, felice
 —*birthday* buon compleanno
 — *Christmas* Buon Natale
 —*New Year* Buon Anno
have (vb) avere
 —*breakfast* fare colazione
 —*a walk (vb)* fare una
  passeggiata
he lui
head la testa
healthy sano/a, salutare
heating (n) il riscaldamento
heavy pesante
help (vb) aiutare
 can I—you? desidera?
here qui
hill la collina
hire (vb) (car) prendere a noleggio
hobby il passatempo
holiday la vacanza
 be/go on—(vb) essere/andare in
  vacanza
home la casa
 at— a casa
hope (vb) sperare
hors d'oeuvre l'antipasto
hospital l'ospedale (m)
hot caldo/a
 I'm— ho caldo
 it's— fa caldo
hotel l'albergo
hour l'ora
house la casa
housewife la casalinga
how come
 —*are you?* come sta/stai?
 —*did it go?* com'è andata?
 —*hot (it is)!* che caldo (fa)!
 —*long?* quanto (tempo)?
 —*much?, how many?* quanto/a?,
  quanti/e?
 —*much is it/are they?* quanto
  viene/vengono?
hundred cento
hurt (vb) fare male (a)
husband il marito

I

I io
ice il ghiaccio
 —*cold* ghiacciato/a
ice cream il gelato
identification l'identità
in in, a
 —*France,* — *Paris* in Francia, a
  Parigi
in front of di fronte a, davanti a
included compreso/a
increase (vb) aumentare
inhabitants gli abitanti (mpl)
instead (of) invece (di)
intelligent intelligente
interesting interessante
introduce (vb) presentare
invitation l'invito

Italian (language) l'italiano, *(adj)*
 italiano/a
Italy l'Italia

J

jacket la giacca, lo giachetto
January gennaio
jar il vasetto, il barattolo
jeweller's la gioielleria
jogging il footing
journalist il/la giornalista (m/f)
journey il viaggio
juice il succo
 fruit— succo di frutta
July luglio
jumper il golf, la maglia
June giugno
just (adv) appena

K

keen (on) appassionato/a (di)
keep (vb) tenere
 —*fit (vb)* tenersi in forma
kilo chilo
kiss (vb) baciare
kitchen la cucina
kitten il gattino
knee il ginocchio
knife il coltello
knit (vb) lavorare a maglia
know (vb) (person, place)
 conoscere, *(facts, time)* sapere
 I don't— non lo so

L

lake il lago
lamb l'agnello
lamp il lume (m)
language la lingua
large grande
last (adj) ultimo/a
last (vb) durare
late tardi
 ten minutes— in ritardo di dieci
  minuti
lawyer l'avvocato
lay the table (vb) apparecchiare
lazy pigro/a
lean (on) (vb) appoggiarsi (a)
learn (vb) imparare
leather (n) il cuoio, la pelle, *(adj)* di
 cuoio/ pelle
 —*goods shop* la pelletteria
leave (vb) (thing) lasciare, *(depart)*
 partire
left (n) la sinistra, *(adj)* sinistro/a,
 (adv) a sinistra
leg la gamba
lemon il limone (m)
letter la lettera
lettuce la lattuga
life la vita
 how's—? come va (la vita)?
lift (n) l'ascensore (m)
lift (vb) alzare
light (adj) leggero/a
light (n) la luce (f)
like come

what's he—? com'è?, che tipo è?
like (vb)
 I—tea mi piace il tè
 I would— vorrei
listen to (vb) ascoltare
litre un litro
little piccolo/a
live (vb) vivere, *(place)* abitare
liver il fegato
living room il soggiorno
lobster l'aragosta (f)
long (adj) lungo/a
look (vb) guardare
 —*!* guarda!
look for (vb) cercare
lose (vb) perdere
lorry driver il/la camionista
lot: a—(adv) molto
 a—of un sacco di, molto/a
love (n) amore (m), *(vb)* amare
 —*from . . .* affettuosamente, . . .
 I—chocolate adoro la cioccolata
low basso/a
lower (vb) abbassare
lowest and highest (adj) minimo/a e
 massimo/a
loyal fedele
lozenge la pastiglia
lucky fortunato/a
lunch il pranzo
 have—(vb) pranzare
luxury (adj) di lusso

M

Madam Signora
magazine la rivista
main (adj) principale
 —*street* il corso
make (vb) fare
man l'uomo, (pl) gli uomini
manage to (vb) riuscire a
many molti/e
map la cartina
March marzo
marital status lo stato civile
married sposato/a
match (n) (sport) la partita
matches i fiammiferi (mpl)
May maggio
means of transport il mezzo di
 transporto
meat la carne (f)
midday mezzogiorno
midnight mezzanotte (f)
mind la mente (f)
mineral water l'acqua minerale
minute il minuto
missing: what is—? cosa manca?
Miss Signorina
mist la nebbia
mix (vb) mescolare
moment: just a moment un
 momento
Monday lunedì
money i soldi (mpl)
monotonous monotono/a
month il mese (m)

more più, ancora
—*than* più di
morning la mattina
good— buongiorno
mother la madre (f)
motorist l'automobilista (m/f)
mountain la montagna
moustache i baffi (mpl)
mouth la bocca
move (*vb*) muoversi
Mr: Mr Rossi is here il signor
     Rossi è qui
much molto/a
museum il museo
mushroom(s) il fungo, i funghi
must (*vb*) dovere
my mio/a, miei/mie

N

name il nome (m)
my—is . . . mi chiamo . . .
napkin il tovagliolo
near (*adj*) vicino/a
near (*adv*) vicino a
neck il collo
need (*vb*) avere bisogno di
neither . . . nor né . . . né . . .
nephew il nipote (m)
never (non) mai
New Year's Day Capodanno
new nuovo/a
news le notizie
(piece of) news la notizia
newspaper il giornale (m)
—*kiosk* l'edicola
next prossimo/a
—*week* la settimana prossima
nice carino/a, simpatico/a
niece la nipote (f)
night la notte
good—! buonanotte!
nine nove
nineteen diciannove
no! no!
no (*adj*) nessuno/a
there's — bread non c'è pane
noise il rumore (m)
noisy rumoroso/a
no longer non . . . più
northern settentrionale
North nord
—*of Rome* a nord di Roma
not non
—*too hot* non troppo caldo
nourishing nutriente
November novembre
now adesso, ora
number il numero
—*plate* la targa

O

October ottobre
office l'ufficio
—*worker* l'impiegato (m),
     l'impiegata (f)
OK va bene
old vecchio/a

how —are you? quanti anni hai?
my older brother mio fratello più
     grande
olive oil l'olio d'oliva
on su
—*foot* a piedi
—*holiday* in vacanza
once una volta
one uno
—*o'clock* l'una
onion la cipolla
only (*adv*) solo, soltanto
—*child* figlio/a unico/a
open (*adj*) aperto/a
open (*vb*) aprire
opposite di fronte a
orange l'arancio, (*adj*) arancione
orange juice l'aranciata
other altro/a
our nostro, nostra
outskirts la periferia
oven il forno
done in the— (cotto/a) al forno
owner il proprietario, la
     proprietaria

P

package holiday il pacchetto-
     vacanze (m)
packet (of) il pacchetto (di)
pain il dolore (m)
pair (of) il paio (di)
pan la pentola
park (*n*) il parco
park (*vb*) parcheggiare
car park il parcheggio
party la festa
pastry shop la pasticceria
patient (*adj*) paziente
peas i piselli (mpl)
peeled tomatoes i pelati (mpl)
pencil la matita
pension la pensione (f)
pepper il pepe (m), (*sweet*) il
     peperone (m)
perhaps forse
petrol la benzina
get — (*vb*) fare benzina
—*tokens* i buoni della benzina
phone (*n*) il telefono, (*vb*) telefonare
—*call* la telefonata
picture, painting il quadro
pill la pillola
pink rosa (inv)
place il posto, il luogo
plaster il cerotto
platform il binario
play (*vb*) (*cards etc.*) giocare (a),
     (*instrument*) suonare
pleasant simpatico/a
please per favore
pleased contento/a
—*to meet you!* piacere!
police la polizia
policeman/woman il poliziotto, la
     poliziotta

polka dots, with a pallini (inv)
pollute (*vb*) inquinare
pork il maiale (m)
post (*vb*) imbucare
post office la posta
postman/woman il postino, la
     postina
pound (weight) la libbra
pound (£) la sterlina
practise (*vb*) praticare (uno sport)
prefer (*vb*) preferire
prepare (*vb*) preparare
prescription la ricetta
present il regalo
programme il programma (m)
psychologist lo psicologo, la
     psicologa
pudding il dolce (m), il budino
puppy il cucciolo, il cagnolino
push (*vb*) spingere
put (*vb*) mettere
put one's arms around
     (*vb*) abbracciare

Q

quality la qualità
quarter un quarto
—*past three* le tre e un quarto
—*to three* le tre meno un quarto
queue (*n*) la coda
queue (*vb*) fare la coda
quiet tranquillo/a
quite abbastanza

R

rain (*n*) la pioggia
rain (*vb*) piovere
rare raro/a
rarely di rado
rather piuttosto
read (*vb*) leggere
reading la lettura
realise (*vb*) accorgersi
receive (*vb*) ricevere
reception il ricevimento
recipe la ricetta
record (*n*) il disco
recorder (cassette) il registratore
red rosso/a
reduction la riduzione (f)
relax (*vb*) rilassarsi
relaxing rilassante
remain (*vb*) rimanere
remember (*vb*) ricordare
rent (*n*) l'affitto
rent (*vb*) affittare
—*a car* noleggiare una macchina
rental: car— l'autonoleggio
requirements i requisiti (mpl)
residence la residenza
return ticket il biglietto di andata e
     ritorno
rich ricco/a
riding l'equitazione (f)
right (*adj*) (*correct*) giusto/a
right (*n*) la destra, (*adj*) destro/a,
     (*adv*) a destra

right away subito
ripe maturo/a
river il fiume (m)
road la strada
room la stanza, la camera
round the corner all'angolo
routine la routine (f)
row la fila
run (vb) correre
running (n) la corsa a piedi

S

safety la sicurezza
sailing boat la barca a vela
salad l'insalata
sales i saldi (mpl), le svendite (fpl)
Saturday sabato
sauce la salsa, *(for pasta)* il sugo
sauté (vb) rosolare
save (vb) salvare, *(money)*
    risparmiare
school la scuola
Scotland la Scozia
Scottish scozzese
sea il mare (m)
season la stagione (f)
   —ticket (bus) la tessera,
    l'abbonamento
seat il posto
second (adj) secondo/a
   —course il secondo (piatto)
second (n) il secondo
  just a—! un secondo!
secretary il segretario, la segretaria
security check il controllo di
   sicurezza
see (vb) vedere
   —you soon a presto, ci vediamo
selfish egoista
sell (vb) vendere
September settembre
service area/station l'area/la
   stazione di servizio
set (adj) (film, book) ambientato/a
seven sette
shelf lo scaffale (m)
shirt la camicia (da uomo)
shoe la scarpa
shoe shop (il negozio di) calzature
shop il negozio
   —assistant il commesso, la
    commessa
   —window la vetrina
shopping (n) le spese (fpl), *(food)* la
   spesa
  to go— andare a fare spese/la
   spesa
short (hair etc.) corto/a
short (height) basso/a
shoulders le spalle (fpl)
show (vb) mostrare
  can you—me? mi fa vedere?
shower (n) la doccia
  to take a— fare la doccia
shy (adj) timido/a
silk (n) la seta, *(adj)* di seta

silver (n) l'argento, *(adj)* d'argento
simple semplice
sing (vb) cantare
singer il/la cantante
single singolo/a
   —ticket un biglietto di sola
    andata
sink (n) il lavandino
Sir Signore
sister la sorella
sister-in-law la cognata
sit (vb) sedersi
sitting room il salotto, il salone (m)
size (shoes) il numero, *(clothes)* la
   taglia
skate (vb) pattinare
skating il pattinaggio
ski (n) lo sci, *(vb)* sciare
   —suit la tuta (da sci)
   —boots gli scarponi
   —sticks le racchette
   —lifts gli impianti di risalita
   —run la pista
skiing holiday (1 week) la settimana
   bianca
skirt la gonna
sleep (vb) dormire
slender snello/a
slim (adj) snello/a, magro/a
small (adj) piccolo/a
smoke (vb) fumare
snack lo spuntino
snore (vb) russare
snow la neve (f)
socks i calzini (mpl)
sofa, divan il divano
some qualche *(no plural)*
   —friends qualche amico/a
   —milk un po' di latte
something qualcosa
   —easy qualcosa di facile
sometimes qualche volta
son il figlio
son-in-law il genero
song la canzone (f)
sorry: I'm— mi dispiace
South sud
   —of a sud di
southern meridionale
space lo spazio
speak (vb) parlare
spend (vb) (money) spendere, *(time)*
   trascorrere
spinach gli spinaci (mpl)
spoon il cucchiaio
sport lo sport (m)
spring la primavera
square (n) la piazza
stairs le scale (fpl)
stalls (theatre) la platea
stamp (n) il francobollo
stand (vb) stare (in piedi)
standing (adj) in piedi
start to (vb) cominciare a, mettersi a
station la stazione (f)
steak la bistecca
stimulating stimolante

stockings le calze (fpl)
stomach lo stomaco, *(belly)* la
   pancia
stop (vb) fermare, fermarsi
  bus— (n) la fermata
straight dritto/a, *(hair)* liscio/a
   —on sempre dritto
strange strano/a
street la via
striped (adj) a righe (inv)
study (n) lo studio, *(vb)* studiare
stupid stupido/a
sugar lo zucchero
suit il vestito (da uomo)
suitcase la valigia
summer l'estate
sun il sole (m)
   —cream la crema solare
sunbathe (vb) prendere il sole
sunburn la scottatura
Sunday domenica
sunny soleggiato/a
   —spell la schiarita
  it's— c'è il sole
sure (adj) certo/a
   —! certo! senz'altro!
surname il cognome (m)
sweater il maglione (m)
sweet dolce
swim (vb) nuotare
swimming (n) il nuoto
   —pool la piscina
swimsuit il costume (m) da bagno
switch off (vb) spegnere
switch on (vb) accendere
Swiss svizzero/a
Switzerland la Svizzera

T

T-shirt la maglietta
table il tavolo, *(dinner)* la tavola
   —cloth la tovaglia
tablet la compressa
take (vb) prendere, portare
   —this to Paul porta questo a Paul
tall alto/a
tan (vb) abbronzarsi
tea il tè
teach (vb) insegnare
teacher l'insegnante (m/f)
telephone il telefono
   —number il numero di telefono
television la televisione (f)
   —drama lo sceneggiato
   —film il telefilm (m)
   —news il telegiornale (m)
temperature (body) la febbre,
   (weather) la temperatura
tent la tenda
terraced house la villetta a schiera
then allora, poi
there là, lì
   —is, —are c'è, ci sono
   —you are ecco a lei
therefore perciò, quindi
thermal termico/a
thin magro/a

thousand mille (inv)
  a—lira mille lire
  two—, five— duemila (inv), cinquemila (inv)
three tre
throat la gola
Thursday giovedì
ticket il biglietto
tic (n) la cravatta
tie (vb) legare
time il tempo
  what—is it? che ora è?, che ore sono?
  on— in orario
  three—s a day tre volte al giorno
timetable l'orario
tin (can) la scatola
tinned in scatola
tired stanco/a
  get—(vb) stancarsi
tiredness la stanchezza
tiring faticoso/a
to a
  I'm going—Italy vado in Italia
  I'm going—Naples vado a Napoli
tobacconist il tabaccaio
today oggi
together insieme
tomato il pomodoro
tomorrow domani
too (as well) anche, (excessively) troppo (inv)
  you— anche tu, anche voi
tooth, teeth il dente (m), i denti
tortoise la tartaruga
tour (vb) girare
tourist (n) il/la turista (m/f), (adj) turistico/a
town la città
trader il commerciante
traffic il traffico
  —jam l'ingorgo
  —lights il semaforo
  —policeman il vigile (m)
train il treno
  tube— la metropolitana
transport (n) i trasporti (mpl)
travel (vb) viaggiare, (n) il viaggio
  —bag la borsa da viaggio
  —agent's l'agenzia di viaggi
trolley il carrello
trousers i pantaloni (mpl)
trout la trota
true vero/a
trustworthy affidabile
try (vb) (clothes) provare
try to (vb) cercare di
Tuesday martedì
turn to (vb) rivolgersi a
twelve dodici
twenty venti
twice due volte

two due
type (sort) il genere (m), il tipo
typical tipico/a
tyre la gomma

U

uncomfortable scomodo/a
under sotto (di)
unleaded senza piombo
unmarried (man) scapolo, celibe, (woman) nubile
up su
uphill in salita
us noi, ci
use (vb) usare
useful utile
useless inutile
usually di solito

V

value (n) il valore (m)
varied vario/a
variety show il varietà
vegetables (generally) la verdura, (dish) il contorno
very molto (inv)
view il panorama (m)
viewer lo spettatore (m)
vinegar l'aceto
volleyball la pallavolo (f)

W

wait (vb) aspettare
waiter il cameriere (m), la cameriera
Wales il Galles
wake up (vb) svegliarsi
walk (n) la passeggiata
  have a— fare una passeggiata
walk (vb) camminare
wallet il portafoglio
wardrobe l'armadio
wash (vb) lavare, (oneself) lavarsi
  —basin il lavabo
waste time (vb) perdere tempo
watch (n) l'orologio
watch (vb) guardare
water l'acqua
we noi
wear (vb) (clothes etc.) portare
weather il tempo
  the—is bad fa brutto tempo
  the—is fine fa bel tempo
  —forecast le previsioni del tempo
Wednesday mercoledì
well bene
  —known noto/a
West ovest
western occidentale
what (that which) ciò che
what? che cosa? (adj) che?
  —is your name? come si chiama?/ti chiami?

  —job do you do? che lavoro fa lei?/fai?
  —'s the matter? che cos'ha/hai?
when quando
where dove
  —are you from? di dov'è lei?
while mentre
white bianco/a
who? chi?
who (that) che
wholemeal integrale
why? perché?
wide largo/a
wife la moglie (f)
wind (n) il vento
window la finestra, (counter) lo sportello
  shop— la vetrina
windscreen il parabrezza (m)
wine il vino
winter l'inverno
  in— d'inverno
wishes gli auguri
with con
without senza
woman la donna
wooden di legno
wonder: I wonder chissà
wonderful meraviglioso/a
wood (material) il legno, (forest) il bosco
wooden di legno
wool (n) la lana, (adj) di lana
work (n) il lavoro
  —in progress lavori in corso
work (vb) lavorare
  —as a . . . (vb) fare il . . .
work, job il lavoro
world il mondo
  —war la guerra mondiale
worried preoccupato/a
wound (vb) ferire
write (vb) scrivere
writer lo scrittore (m), la scrittrice (f)

Y

year l'anno
yellow giallo/a
yesterday ieri
yoghurt lo yogurt
you tu (fam), lei (formal), voi (group)
young giovane
  —lady Signorina, la signorina
  —people i giovane (mpl)
younger (brother/sister) più piccolo/a
your (fam) tuo, tua, tuoi, tue, (formal) suo, sua, suoi, sue, (group) vostro ecc.